情報化時代の航空産業

戸崎　肇…………［著］

学文社

はしがき

本書は、国際交通論という学問の確立にむけた第一歩である。

近年における情報化と国際化の進展は目を見張るものがある。これに伴ってわれわれの生活も大きな変化を遂げつつある。価値観は多様化し、各個人は、あふれる情報のなかでどのように自分という存在を確認しながら人生を進んでいくかという難しい問題を抱えることとなった。

こうした新たな社会を根底から支える一つの不可欠な要素となっているのが交通である。本書のなかで述べられているように、高度情報化社会のなかでは「移動」ということの意味が再評価されることになる。その移動をどのような形で実現していくのか、あるいは移動そのものがどのような意味があるのかを改めて検証してみようというのが本書の一貫した視角である。

そして、それをもとに、従来体系的に論じられることのなかった「国際交通」というものを再編し、学問としての体系化を目指したい、そのスタートとしたいというのが本書の位置づけである。本書ではこれからの社会でもっとも重要性を増すであろう航空を主体として議論を進めるが、今後はこれを海運、鉄道、陸運へと展開していくつもりである。

本書の刊行にあたっては、学文社の稲葉由紀子氏に大変にお世話になった。本書の構想以来、なかなかまとめきらない筆者の能力不足を寛容していただいた。氏のあたたかい励ましがなければ、本書は日の目を見ることはなかったであろう。ここに深く感謝の意を表したい。

二〇〇〇年八月二〇日

著者

情報化時代の航空産業・もくじ

第5章　航空法改正の意味とその影響……85

第6章　旅行産業の未来像……104

第7章　空港開発と文化交流……123

情報化時代の航空産業

はじめに　情報革命の進展と新しい３Ｋ社会の到来
―社会の構造変化をどう未来戦略に活かすか―

1　新3K社会の到来

日本、そして国際社会が、現在直面している大きな構造変化の波は、三つの波の合成波としてとらえることができる。国際化、高齢化、そして環境問題である。これらはいずれもKで始まる言葉であるがゆえに、ここでは新たな３Ｋ社会の到来と呼ぶことにしよう。そして、こうした変化を土台から支えるのが、インターネットの普及を中心とした情報革命である。すなわち、現在は、情報インフラストラクチャーの抜本的な革新のもとに、３Ｋ社会が現出している状況ととらえることができる。

2　政策における国際化

国際化はさまざまな側面で進んでいる。それらは当然複雑に絡み合っている。ここでは、政策面における国際化についてみてみよう。いまや国内を対象とした政策といえども、自国だけでは効果のある政策が打ちにくくなった。その明瞭な例がプラザ合意（一九八五年）である（プラザ合意とは、当時のドル高にあえぐアメリカ経済を救うために先進国が協調して為替介入を行ったこと）。アメリカ一国の経済状況を変えるために、先進国があれだけの強力な結束を行わなければならなかった。

また、国内の政策が海外に漏洩していく場合も考えなければならない。たとえば、景気を浮揚させるために公共投資などの積極的な財政政策を行ったとしよう。この場合、当然ながら、政策を実行するためには膨大な原資が必要となる。しかし、そうした膨大な資金を通常の歳入のなかから捻出することは不可能である。そこで、政府は国債を発行することによってそのための原資を調達しようとする。しかし、それは金融市場からかなりの額の資金を政府部門に引き上げてしまうことになり、その結果、金融市場における資本調達コストを引き上げ、民間企業の投資活動を阻害することになる。いわゆるクラウディングアウト（Crowding Out：一般的に公的部門の活動が民間部門の活動を圧迫・阻害することをいう）である。一方でこうした金利の上昇は、外国からの資金の流入を招く。その結果、為替レートが上昇し、それが輸出を減少させ、ＧＤＰ（国内総生産）を低下させることになる。また、この効果は海外だけではなく、国内の設備投資の動向にも影響を与える。輸出産業は製造業であることが多く、他の産業に比べて、どうしても設備のもつ比重が高くなりがちである。そのため、輸出が減少すると、この設備に対する投資需要も減り、経済は二重の意味で打撃を受けることになる。こうして、国内の不況政策としての財政政策を効果あるものとするためには、金融政策との整合性も当然求められるが、為替レートの人為的な設定という、他国との協調が必要となる。そして、他国との協調を行うためには、国際市場において、経済構造、経済慣習の共通化が求められる。ここにグローバル・スタンダード（国際標準）の議論が起こってくる。

3　グローバル・スタンダードとは何なのか

グローバル・スタンダード（Global Standard）は、国際化に伴って、個人も企業も国家も、すべてのレベルにおいて国際標準に則って行動しなければならないというものである。

それではいったい国際標準とは何なのか。実は、それがあまり厳密に議論されないままに使用されているところに現在の問題がある。

たとえば、国際標準の一つの具体的なものとして、ＩＳＯ（International Organization for Standardization：国際標準化機構）がある。これは、経済活動の国際化に伴って、さまざまな商品の国際的取引が増加するなかで国際市場での公正な競争を確保し、品質についての問題が起こらないように、商品についての規格を統一しようというものである。その代表的なものとしては、ＩＳＯ9000シリーズ（一九八七年）という工業規格、ならびにＩＳＯ14000シリーズ（一九九六年）という環境規格がある。

しかし、その内容は、品質を一定に保つという意味での規格化であり、それが「国際」ということどのようにかかわってくるのかについては明らかではない。しかも、とくに環境などの問題において求められているのは、まさに「品質」の向上の問題であるのに対し、ISOが求めているのは「マニュアル化」である。工業化の問題については、規格も無視できないものの、やはり品質の問題こそが重要なのであり、それが劣るのであれば、自然に国際市場のなかで淘汰されていくはずであろう。つまり、わざわざISOのことを喧伝する必要はあまりないのである。また、環境の問題についていえば、その解決のためには、その地域の事情をどこまで汲み取ったうえで対処していくかということが最大のポイントとなる。その地域性を無視したようなISOは、むしろ時代に逆行したシステムであるといわざるをえないだろう。

また、ISO同様、国際的に同じ視点から会社を評価しようとするものとして、格付会社による格付けの問題がある。これについては、格付会社が私的な会社であること、それにもかかわらず国家の存在を揺るがすほどの影響力をもっていることが問題視されなければならない（山一證券の倒産に追い込まれた例などがある）。

4　情報の「価値」の問題

とはいえ、ISOにせよ、格付けにせよ、その重要性を全く否定するものでは当然ない。その最大の社会貢献は、消費者に対するアカウンタビリティー（Accountability：説明義務）の改善、つまり企業情報の開示をどのように実質的に進展させるかということである。そこで、つぎに情報をとりまく環境変化について考えてみたい。

アメリカの未来学者であるアルビン・トフラーは、一九八〇年代初頭に、その著書『第二の波』のなかで、情報化社会の到来が社会にどのような変化をもたらすかについて予測を行っている。

たとえば、情報通信機器が発達する結果、わざわざ長い時間をかけて都会にある会社に通勤する必要がなくなり、各家庭で仕事を行ったり（在宅勤務）、あるいは自宅から近い郊外に情報端末を備えたサテライト・オフィスをつくり、そこで仕事を行うようになるとしている。また、テレビ電話が普及すれば、わざわざ実際に訪問しなくても、十分に用は足りるかもしれない。また、在宅看護、あるいは遠隔地医療にも大きな可能性をもたらすことができるだろう。そしてこの結果、通勤を始めとするさまざまな移動が、情報通信機器の発達によって減少していくとトフラーはみている。

また、需要の多元化が進むなかで、それまでの少品種大量生産から多品種少量生産へと、産業の商品の生産スタイルが変化するということも指摘している。そして、それを支えるものとして、情報技術の発達をあげている。

少品種大量生産から多品種少量生産へという流れについては、まさに現実の動きをとらえており、見事な洞察であるといえよう。しかし、人びとの移動が減少するという予測については、大勢としてそうはならないと考えている。なぜなら、ここでは情報の「質」が問題となってくるからである。

クリフォード・ストールが書いた『インターネットはからっぽの洞窟』では、インターネットというのは万能のように語られているものの、実際にそのなかで流通している情報の中身をみてみると、重要性の高いものはほとんどみられず、弊害のほうが大きいという主旨のことが書かれている。

自らの経験からも明らかなように、重要な情報や高質な情報は、直接当事者が相対することによって、口伝てに伝えられていく。これは、いくら情報手段が発達しても不変の真理ではないかと考えられる。したがって、今後、情報化が進展しようが情報の交換ということに関して、それほど劇的な変化が起こるとは思われない。

また、就業形態の変化についても同様である。確かに辛い通勤がなくなり、さらに社内での面倒くさい人間づきあいがなくなれば、この上なく望ましいと考える人も少なくないだろう。しかし、実際の仕事は、周りの人びとの動きをみて覚え、上達するものがほとんどである。確かに個人的な創造性や、マニュアル化が進んだ仕事では、在宅勤務化は可能だろう。しかし、今後はむしろマニュアル化が通用しない職種が増えてくるものと考えられる。とくに今後サービス化社会が進展する。サービスの本質は、マニュアルを超えたひとりひとりの経験や熟練性によるものである。そして、この熟練性は、昔の徒弟制に近いものによってこそ育成されていくものではないかと考える。

過去に職人の熟練労働が非常に価値をもっていた。それらは機械化の進展によって次第に淘汰されていったが、現在、生活水準の向上によって、再度そうした熟練性といったものが、社会的に必要とされているのではないかと思われる。したがって、仕事においても熟練者との直接的な接触が必要となるのである。

また、各自が個別化の方向に向かうということは、社会の連帯感が薄れていき、社会生活を維持していくうえで、さまざまな問題を引き起こしていく危険性が高まる。たとえば、社交性の欠如はモラルの低下をもたらし、犯罪の増加、政治意識の低下など、深刻な事態へとつながっていく。そうした観点からも、情報化に対しては一面において批判的観点がつねに必要となる。

5　高齢化社会の積極的意義づけ

人の移動という観点から、高齢化の問題をとらえてみよう。

一九九八年版の『労働白書』によると、労働力人口の高齢化は急速に進み、二〇一〇年には、六〇歳以上の労働力人口は一三三〇万人に増え労働力人口全体の二割を超すことになる。また、東京都で従業員が五〇人以上の会社四〇〇〇社を対象に行われた調査によると、勤労者の六八％が六〇歳になった後も働きたいという意思をもっていることが明らかになった。

人間にとって、とくに社会水準が向上するに従って労働のもつ意味は重要性を増していく。つまり、始めは生きていくために仕方なく働いていたものが、社会水準の向上に従って、自分というものを表現する一つの手段として、労働というものが認識されてくるのである。この点が、過去の労働理論において、人はできるなら働くことを避けたいと考えると、無条件に前提してきたこととの違いである。

実際的には、年金財政の破綻と労働人口の減少という事態に即してみるなら、高齢者の労働力の活用は必然的なものとなる。さらに、先に述べた労働における熟練性の必要性からも、高齢者の労働力をいかに活用していくかが、産業競争力を維持発展させていくうえでの重要な課題になろう。

また、健康意識の進展、医療体制の充実により、高齢化の進展は、自由時間の増加とともに、自己実現のための高齢者の旅行需要の増加を予測させる。ここに、今後の産業発展の一つの方向性を見出すことができる。すなわち、健康産業と旅行産業、観光産業の融合、協力による新たなマーケットの創造である。このように、社会変化をいち早く産業の発展に結びつけていくことが、今後の激しい国際市場競争のなかでの生き残りの鍵となるのではないか。

本書では、以上のような視点をベースとして、現在迎えているこうした社会構造の変動に、航空を始めとする交通がどのような役割を担いうるのか、あるいは担いうるように環境整備をすべきかについて考察を進めていくことにする。

第1章　国際交通論の検証

本書は航空産業の分析を主として行うものであるが、国際交通論の一テキストとして位置づけられることも大きな狙いとしている。したがって、まず初めに、現時点における国際交通論というものの位置づけについて検証を行っておきたい。

近年、国際交通論という研究分野が、名称として定着しつつあるように思われる。その証拠に、ここ数年、国際交通論というタイトルのテキストが立て続けに刊行されているからである。しかし、その内容をみるかぎり、いまだこの分野の未成熟を覆い隠すことはできないようである。というのは、それらの内容をみると、日本の内部からみた、国際的にみて特殊な国際交通論となっていることは否めないからである。たとえば、ＥＵにおいて重要な国際交通の担い手となっている陸運、とくに鉄道などについては、個人の研究の対象とするかいなかは別として、その重要性について一言も言及されていないことがある。また、それ以上の問題として、「国際交通」とは何なのかという根本的な問題分析自体がほとんどなされていない。

そこで、これまでの国際交通をめぐる視角を振り返ってみると、従来、わが国では、国際交通論は海運論そのものとして捉えられてきた。これまでの航空などを始めとする技術開発、あるいはわが国のおかれた状況に即してみれば、こうした事態にいたるのも必然的な流れではあったことだろう。したがって、これまで国際交通論という名称が公的な場で使用されることはめったになく、海運経済論、あるいは単に海運論として、国際交通論として論じられるべきテーマが代替的に論じられてきたのである。

しかし、近年、航空産業の著しい発達があり、わが国では海運と航空という二つの大きな分野をメインとして、国際交通をめぐる論議は再構築を迫られるようになってきた。そこで、こうした現実の動きを反映して、国際交通論も、海運論と航空論が並列的に論じられるようになってきた。諸般の国際交通論のテキストは、多少の差異はあるとはいえ、おおむねこのようなアプローチを踏襲している。(1)

とはいえ、仮にも国際交通論と普遍的な名称を掲げるからには、こうした日本的事情に重心を据え、議論をつぎはぎ的かつ限定的に行うべきではなく、各国の事情をも反映させたうえで、まさに国際的な議論を展開しなければならないのではないだろうか。ましてや新しい研究分野として、その地位を確立すべく、「国際」「交通」といった基盤的タームについてより詳細な検討を行うことは不可欠なことである。そこでまず、「国際」とは本来、どのような意味をもつのであるかということを、検討してみよう。

現在は、まさに国際化の時代といわれている。しかし、「国際化」とは本質的にはどのようなものを指すのかについては明らかではないし、明確化すること自体非常に困難な問題である。だが、国際化と交通とのかかわり合いを論じていくうえでは、真の国際化とはどういうことなのか、あるいは国際化のために求められる要件とは何なのかをある程度明確にし、そのうえで、交通がその実現のためにどのような役割を果たしうるのかを最重点テーマとして論じていくことが大切であろう。そのためには、理念的に考えるだけでは不十分であり、各自が皮膚感覚として国際化をとらえていかなければならない。それと同時に、国際化が進展すれば、国際化ということの本質に対する各人の内面における対応が的確にバランスよく進んでいかないと、サミュエル・ハンチントンの主張するような『文明の衝突』のような事態が、今後ますます顕在化し、国際化とは正反対のベクトルが強力に働くことにもなりかねない(2)。

また、「交通」という概念についても考えてみよう。従来「交通」といえば鉄道、船、飛行機など、物理的な輸送手段として非常に限定的にとらえられる傾向があった。しかし、少なくともわが国の行政面をとってみれば、「交通」という概念には今日意味するところの通信の概念が包摂されていたことは事実である。振り返って中国の場合を考えてみても、上海にある上海交通大学の「交通」という概念には、非常に多岐にわたる概念が包摂されている。以下に述べるように、今後の情報化社会への進展のなかで、少なくとも従来型の「交通」概念と情報通信概念は一体的に論じられていくことが必要だろう。本書でも、「交通」の概念としては、直接的な輸送手段としての鉄道、船、航空などに加え、情報通信をその範疇におさめて考えることとする。そしてさらに、それらをインフラストラクチャーとして成立するビジネス、観光（観光も産業としてとらえればビジネスだが）をその考察の対象とする。とはいえ、このうちビジネスの問題については、国際経済学、国際経営学のなかで主にとりあげられるところから、ここでは観光分野のみに焦点を据えて国際交通論として論ずることとする。

さて、「交通」の国際経済のボーダレス化については、かなり以前の段階から指摘され、その重要性が主張されてきた。商取引の国際化によって物流は当然活発になる。また、商取引の国際化は商談など国際人流も増大させる。この点において、いくらインターネットなどの情報化が進んでも、人の流れは減少することはないということを認識しておかなければならない。

かつてアメリカの未来学者であるA・トフラーは、情報技術の進展に伴って、人の移動も減少していくと主張した(3)。トフラーは、情報化が進展すれば、実際に会って情報の交換、あるいは仕事をする必要がなくなるので、人はわざわざ移動する必要がなくなり、人の動きが減少し、また、サテライト・オフィスなどの機能が充実することによって、交通渋滞も解消されていくだろうと予測したのである。しかし、現状のように、さらに人流が活発化している事実に即してみれば、このような推論は成り立たないことがわかる(4)。

トフラーの最大の誤りは、情報を総体として画一的にとらえたことになる。

一口に情報といっても、個々の情報の質や重要性はさまざまである。それらがすべて、同様の伝達のされ方、流れ方をするとは、各人の私的な体験を振り返ってみるだけでも、肯定できないことであろう。(5)

この点、後ほど詳しく述べるが、現代において交通の需要性と「差異化」ということは大きなつながりをもってくる。この点は、コジェーブのヘーゲル解釈にその基礎をおくフランシス・フクヤマの『歴史の終わり』(三笠書房)の議論は大いに参考となるであろう。また、バタイユの指摘するような無駄な消費としての「移動」というそのものの価値についても、今後その重要性を認識していかなければならないだろう。

以上は人流の側面についての考察であるが、さらに物流という側面についても考えてみるならば、本物志向を追及するうえでの物流、インターネット取引が普及するなかでの直販化に伴う新たな物流システム構築の促進ということがある。(6)

このように現在急速に進んでいる社会構造のなかで、交通の果たす役割はますます重要性を帯びたものとなってきている。

ただし、交通というものの意味を過大に評価することに対しても警戒しなければならない。この点についてはとくに、わが国の地方の空港開発を論じるさいに議論しなければならない。たとえば、空港を核とした地域振興を進めようとするときに、行政サイドから往々にして出てくる発言として、つぎのようなものがある。

「とにかく（飛行機に）乗ってもらわなければならない。そのための努力をしていく。」

ここでは、航空機を飛ばすということが直接的な目的であるという考え方が現われている。しかし、航空を始めとして、交通に対する需要は、本来第一義的なものではない。つまり、その交通を利用すること自体が目的ではなく、何か他の用事をすませるために、そのための手段として交通が利用されることが通常である（もちろん、飛行機マニアや鉄道マニアがただ単に楽しみのためにおのおのの交通を利用する場合は別であるが）。このような間接的な需要のあり方を、経済学では「派生需要」と呼ぶ。このことを明確に意識していかなければ、いくら行政が旗を振って交通の需要を高めようとしても、地域振興そのものには直接に結びついていかず、ひいては地方財政を長きにわたって苦しめる要因となるにとどまるであろう。その意味でも、交通と社会とのかかわりについて、包括的な見方を展開することが求められる。

（1）たとえば、武城正長編『国際交通論』（税務経理協会）や吉田茂・高橋望『国際交通論』（世界思想社）など。

（2）サミュエル・ハンチントン『文明の衝突』。また、フランスにおけるイスラム教徒の子供の学校におけるベール着用問題、あるいはネオナチの台頭などの事態を想起せよ。

（3）A・トフラー『第三の波』

（4）ただし、この点については、つぎのような指摘もある。「旅行の代替物としての情報技術は航空産業にとって二重の意味で挑戦的である。ビデオ会議が旅行市場を大きく侵食している実態は未だないが、Ｅメールおよびインターネットがすでに一部旅行市場の成長に水を差していることは実証されている」クリス・ライル（ＩＣＡＯ航空輸送局部長）。「成長期の航空産業が二一世紀に求められる成長への挑戦」（*ICAO Journal*, 1999, Oct., *NAA World Aviation NEWS*, Vol.491.）。

（5）たとえば、『インターネットはからっぽの洞窟』（草思社）という本のなかでは、インターネットのなかで流通される情報がいかに空虚なものであるかを指摘することをとおして、情報の質についての議論の必要性を提起している。

（6）*ICAO Journal*, 1999, Oct.

第2章　航空再編をめぐる現状と論点

現在、航空産業は重層的な変化・再編の波にさらされている。本章では、この重層性を念頭におきながら国際市場、国内市場について最近の変化や再編について考察を加える。現状を的確に把握するためには、国際市場と国内市場の動向の連動性をみることが大切である。なぜなら、とくに現在の日本の場合、航空構造は敏感に両者の合成された影響に左右されるように変質を遂げているからである。ここではまず、国際市場の動向について、ネットワーク間競争がどのような進展を遂げつつあるのかについて検証する。そして、その結果を受け、国内市場について二〇〇〇年二月から施行の改正国内法について考えてみたい。

1　国際航空市場の動向

(1)　国際化、情報化の進展とネットワーク化

航空協定は、いまだ基本的には二国間体制の枠組みのなかにある。これに風穴をあけるものとして、近年、国際的な共同運航が実施され拡大されてきた。ここでは、国際化の進展と情報化の進展が

あいまって、新たな国際路線の自力による開設リスクが高まっていることも認識しなければならない。(1)

しかし、リスクが高まっているとはいえ、国際航空市場における競争は激しさを増している。サービスの拡充を積極的に進めていかなければ、業界内での企業の優劣は以前よりも容易に変わりうる状況になってきている。(2)そこで、提携（Alliance）の形成が進められていくことになる。(3)

従来のネットワーク化は、コンピュータ予約システム（ＣＲＳ：Computer Reservation System）を核として進められてきた。しかし、インターネットの急速な普及により、ネットワーク形成のあり方は急速かつダイナミックなものへと、大きく変貌を遂げてきている。

現在の主な提携先としては、ユナイテッド航空を中心とするスターアライアンス、アメリカン航空を中心とするワン・ワールド、そしてノースウェスト航空を中心とするグループなどがあげられる。(4)

こうした提携間の競争では、それに属さないと国際市場で生き残っていけないという面がある一方で、その提携先のなかで主導権が握れなければ、自律的な経営戦略をとることが困難となり、それがひいては国としての航空政策の遂行に影響を及ぼす可能性も指摘できる。ネットワークの構築力という点において、今後新たな次元での競争が展開されていくことが予想される。

(2)　ネットワーク間競争の変質

ネットワーク化において注目される変化は、航空業界内における提携を主軸とするネットワーク競争から、業界外のネットワークとのあいだにまで、競争が拡張されてきていることである。その具体的な例として、アメリカを中心とする世界の航空会社一八社がインターネットを通じた航空券販売で提携したことがあげられる。提携したのは、ユナイテッド、アメリカン、デルタ、ノースウェスト、コンチネンタル（大手航空会社五社）、ハワイアン、ミッドウェスト・エクスプレスなどアメリカの新興航空会社六社、そしてエア・カナダ、アリタリア、KLM、シンガポールなどアメリカ以外の七社である。提携の枠を越え有力企業がほぼ結集している。

このサイトでアメリカ国内線やアメリカ発着の国際線の正規・格安運賃の航空券販売に自ら乗り出すほか、ホテル（約三万軒）、レンタカー（約五〇社）の予約も可能にし、総合旅行サイトに育成する。

なぜ、こうした動きが現われてきたのか。それは、ネットを通じて格安航空券を売るアメリカのアメリカ・オンライン（AOL）、マイクロソフト、ヤフー系のウェブサイトの台頭である。具体的には、AOLの玄関サイトにあるトラベル・チャンネル、マイクロソフト系のエクスペディア、ヤフーが協力しているトラベロシティーである。

今回の提携は、供給元である航空会社が団結して共同サイトを構築し、アメリカ国内・国際線航空券の販売で主導権を確保するのを狙いとしている。一九九九年にネット企業系サイトから売られた航空券は前年の二六億ドルから七〇億ドルに増加、二〇〇一年にはこれが二〇〇億ドルに拡大すると予

表2−1　アメリカでの航空券のインターネット利用者ランキング（1999年11月の利用実績）

（単位：千人）

①	トラベル・チャンネル	6,435
②	エクスペディア	3,976
③	マップクエスト	3,754
④	トラベロシティー	3,552
⑤	プレビュー・トラベル	2,488
⑥	サウスウェスト・ドット・コム（サウスウェスト航空系）	1,747
⑦	AA.ドット・コム（アメリカン航空系）	1,475
⑧	UAL.ドット・コム（ユナイテッド航空系）	1,109
⑨	チープ・チケッツ・ドット・コム	1,101
⑩	デルタ・エア・ドット・コム（デルタ航空系）	1,060

注）アメリカ・メディアメトリックス・ドット・コム調査。
（　）内は資本系列。
出所）『日本経済新聞』2000年１月18日付

測されている（表2−1）。

(3) 航空業界と旅行業界との関係の変質

こうして、航空会社は自ら格安航空券販売に乗り出すことで販売手数料のかかる他企業経由の販売から自社販売の比率を高め、コスト削減を目指す。そして、こうした動きは、旅行業界の再編にアメリカ発としてさらに拍車をかけそうな勢いである。

アメリカでは、これまで航空会社と従来型旅行会社の間で事業上の棲み分けができていた。しかし、最近は両者の関係が急速に崩れ始め、航空会社は既存旅行会社への販売手数料を大幅に減らす動きをみせている。たとえば、ユナイテッド航空は一九九九年一〇月八日から全米の旅行会社に支払う航空券の販売手数料を現行の八％から五％に引き下げた。これによってユナイテッドは、年間一億五〇〇〇万ドルの費用削減効果を見込んでいる。これは、先にみたように、インターネットを通じた航空券購入が急増し、従来型旅行会社の存在感が著しく低下してきたことを象徴する措置である。今後、インターネットによる航空券販売の普及度をみながら、世界的に手数料の見直しを進めるとしている。アメリカン、デルタなど、他のアメリカの航空会社も追随する見通しである。

このように、卸に専念していた航空会社がネット販売を本格化することでアメリカ旅行業界にかつてない再編が進展する可能性が高い(5)。

2　国内航空市場における規制緩和の動き

前節でみたようなアメリカを発信源とする劇的な変化が、日本にも大きな影響を及ぼしてきている。とくに日米間においては、一九九八年一月の日米航空交渉の合意で航空各社の路線・便数が大幅に増えたことを受け、競争が相当に厳しいものとなってきた。

そうしたなか、国内航空企業の競争力を高め、業界再編をはかる意図をもち、国内航空法の改正が行われた。それでは、実際に二〇〇〇年二月から施行された改正航空法は、航空市場にどのような実質的影響を与えるのだろうか。

今回の改正の柱は、需給調整条項の撤廃と運賃設定の自由化である。

(1)　需給調整条項の撤廃と羽田発着枠の供給制約の問題

まず、需給調整条項の撤廃に関しては、従来、運輸省が航空需要と供給のバランスを考えて路線ごとに免許を与えてきたが、これを事業ごとの許可制に移行する。路線への参入・撤退は航空会社の判断に委ねられ、運輸省のチェックは安全面に限定されることになる。

この点にかかわってくるのが羽田空港の発着枠の問題である。なぜなら、航空会社にとって理念的にはともかく、現実として羽田を一端とする路線を運航することが、もっとも確実な収益源としてあてにでき、開設希望もそこに殺到するだろうからである。しかし、実際には羽田空港の発着枠は長らく供給不足の状態が続いており、これをどのように解決していくかということが日本の航空政策の最重要課題の一つとなってきた。

羽田空港では現在、新Ｂ滑走路が建設中で、二〇〇〇年七月に供用開始となる。初回の新規配分は五七便分となる。

この配分方式をめぐっては、従来からさまざまな論議がなされてきた。まず、考えられるのは入札方式である。入札方式といっても、現存の発着枠をすべて一から配分し直す場合と、これからの増枠分、新規配分分についてのみ入札方式を行う場合などが考えられる。

入札制度については、企業の体力がそのまま反映され、入札制度を行うことによってますます企業間格差が助長されてしまうという批判がある。

そこで現在、二〇〇〇年七月からの新規増分枠の配分方式として導入が検討されているのが「評価方式」と呼ばれるものである。これは配分を望む各企業について、さまざまな審査項目を設定し、それらを点数化して、総合得点の多いものから優先的に配分を行うというものである。評価項目としては定時運航率などが考えられている。運輸省は羽田の発着枠の一部を五年ごとに回収して再配分する方針であり、今回の評価方式のあり方は、再配分を行うさいの基本にもなる。

しかし、この評価方式にしても、それぞれの審査項目をどのように総合化して評価するのか、すなわち、各審査項目をどのように加重していくのかという問題が残る。たとえば、定時性を過大に重視すれば、安全性の確保に影響を及ぼす可能性も出てくる。経営の健全性と消費者の要求が果たしてどこまで一致するのかも、ここでは厳密に検証すべき問題となる。そして、何よりも最終的な決定権が運輸省に残されることが、どこまで革新的な変化につながるのかという点に疑問を生じさせる。

また、運輸省は、今回の配分では、地方路線の維持・拡充に重点をおく方針を固めている。既存航空会社大手は新規参入や国際市場での競争激化によって業績悪化に苦しんでおり、経営上の足かせとなっている地方路線の運休・廃止を進めている。こうした動きを懸念し、低需要路線の運航にも積極的な航空会社により多くの枠を配分し、これ以上の地方路線の縮小を食い止めようというのである。

これは、従来、地方路線に対して頭から不採算と決めつけ、経営のあり方の模索が果たして十分に行われてきたのかどうかを問い直すうえで、有効な政策とはいえるだろう。この方針によって、新しい運航のあり方が創造されていけば、これからの航空産業全体にも大きな貢献となる。(6) しかし、一方では大手企業の内部補助体制によって地方路線が支えられているという現存体制に手をつけないままでこうした政策を推し進めることは、既存航空会社、あるいは新規参入組にとっても、さらなる経営悪化の要因となり、企業の存続自体、ひいては日本の全体的な航空政策に影響を及ぼすことにもなりかねない[7]。

こうして考えてくると、現在ではむしろ入札制を導入することのほうが、社会資本を有効に活かすうえでも、むしろ現実的な方法であるのではないかと思われる。なぜなら、現実にコストがかかるものとして発着枠を認識することによって、それをいかに有効に活用するか、遊ばせないかという試みが真剣になされうるであろうと予想されるからである。もちろん、入札制自体を有効なものとするためにはいくつかの条件整備が必要である。一つは企業間での談合が行われないようにすることである。しかし、現状ではこれはきわめて困難であろう。このためには、海外企業の参加を認めるしかないのかもしれない。つまりカボタージュ（国内運航権）の解禁である。ただし、地方路線、生活路線を別会計、別制度で国としてきちんと保障していくような体制を同時に構築していくならば、カボタージュの解禁も認めてもよいのではないだろうか。ただし、国際的にみれば、国内の航空ネットワークはそうした公的施策で保障されたとしても、競争の結果日本の航空会社が敗退していけば、日本が国際的ネットワークのなかで周辺化してしまう可能性は依然として残る。これは、前節のグローバルなネットワーク化の動きともかかわるが、今後、国際化がさらに進展し、移動というものが重要性を高めていくなかで、周辺化の問題は深刻であり、この問題について、現時点で検討しておく必要があろう。もちろん、そのために保護主義的な施策をとるべきであるというのではないが、競争条件にお

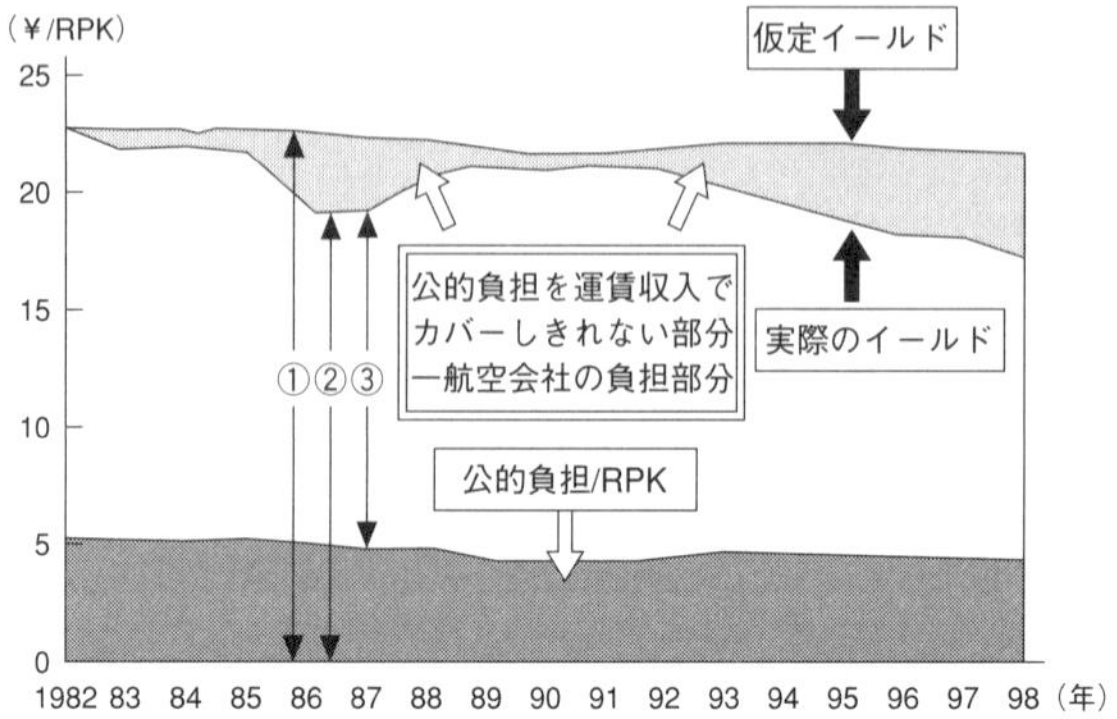

注）1）①仮定イールド航空会社取り分一定，②実際のイールド，③航空会社実収入
2）RPK：有償旅客キロ
3）1982年は国内線運賃が値上げされた最後の年

出所）定期航空協会および『Currents』1999/秋，No.78，日本航空広報部

図 2-1　国内運賃の公的負担状況の推移

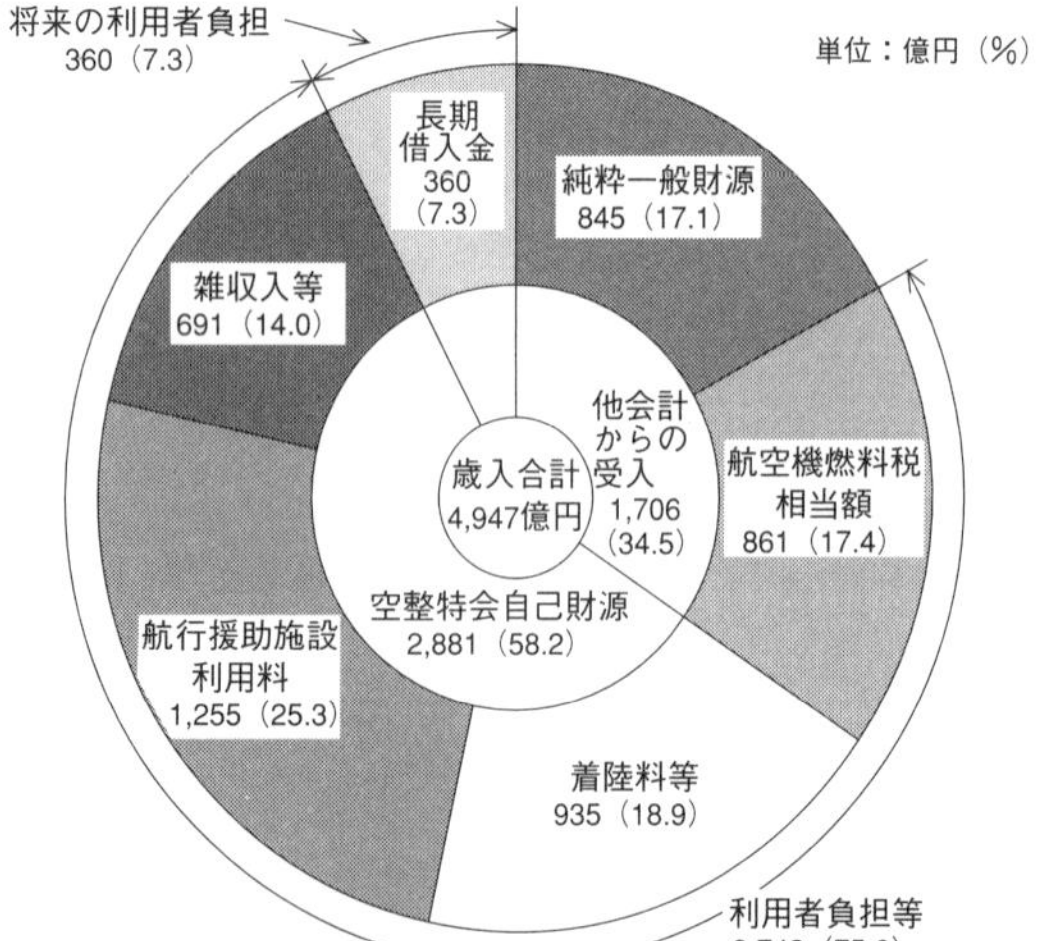

出所）運輸省資料

図 2-2　空港整備特別会計の財源構成（2000年度予算額）

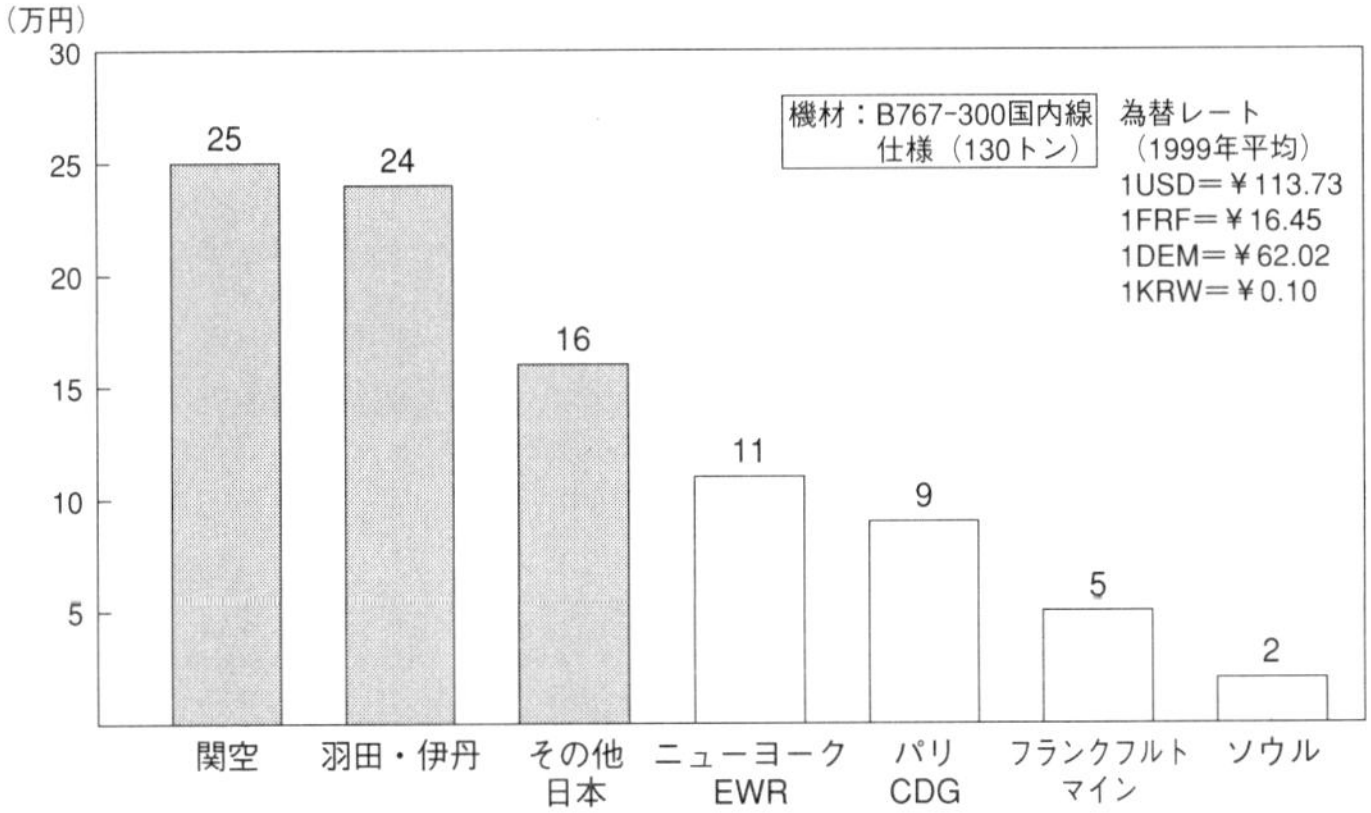

出典） IATA Airport & En Route Aviation Charge Manual Airport information Manual.

図 2-3　世界主要各国の国内線着陸料金比較

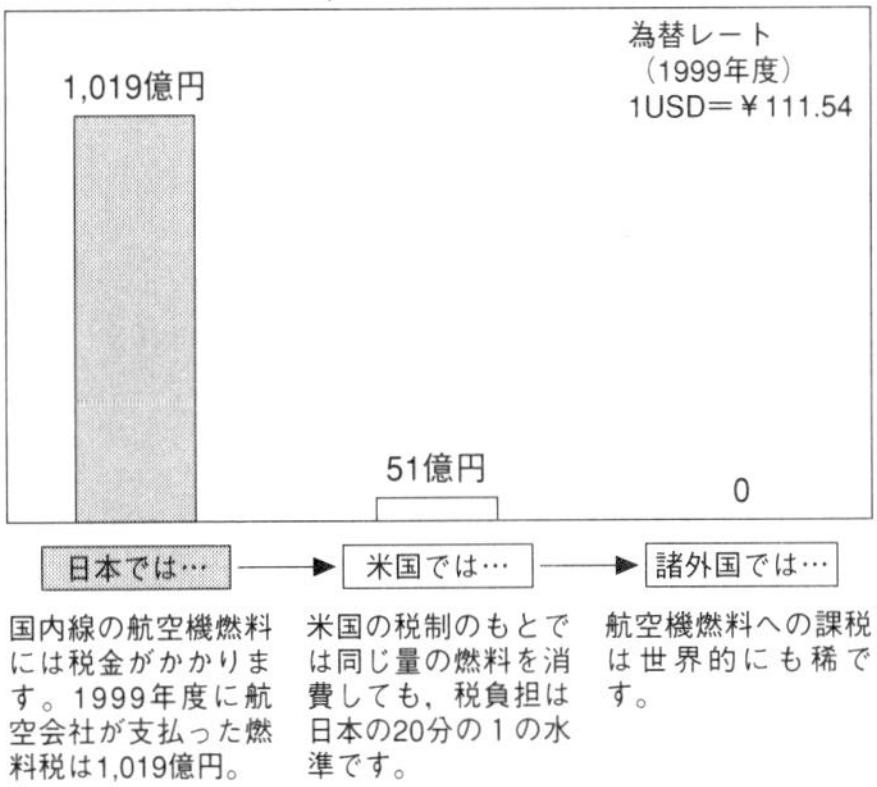

注）1）日本の航空機燃料税は1 kl当たり26,000円。
米国では 1 ガロン当たり4.4セント
（1 kl当たり約1,300円）
（出典）航空14社データ（1999年）

出所） いずれも定期航空協会パンフレット「航空利用者負担の軽減について」2000年 7 月

図 2-4　航空機燃料に対する各国の課税状況

表2-2　大手航空会社三社の国内新運賃の比較

	ANA（全日空）	JAL（日本航空）	JAS（日本エアシステム）
普通運賃（片道運賃）	約15％値上げ	約15％値上げ	約15％値上げ
往復割引運賃	現行普通運賃に比べて約2％割引	現行普通運賃に比べて約2％割引	現行普通運賃に比べて約2％割引
特定便割引	全路線に拡大	現行通り継続	継続
事前購入割引	原則廃止	設定路線で全便値下げ，最大割引率を50％から66％に拡大	拡大を検討
その他の割引	期間限定で片道一律1万円の「バーゲン型運賃」（最大割引率77.3％）	期間限定の「インターネット運賃」（割引率約25％）	介護帰省割引（約37％） 売出日割引（65％）

出所）『日本経済新聞』2000年1月27日，28日付に掲載された図を再編集。

けるグローバル・スタンダードをつくるために（たとえば空港整備特別会計に伴う公租公課の負担問題など：図2－1）政策的努力を行わなければならない。

(2)　運賃設定の自由化

今回の改正により国内運賃は、路線ごとに運賃を運輸省に申請して認可を得るという認可制から事前届出制に移行する。一九九五年一二月に導入された幅運賃制度によって設定された上限・下限は撤廃される。また、割引率は五〇％が限度となっていたが、この限度も取り払われることになった。これに対応して、国内航空会社は、九九年末から二〇〇〇年一月後半にかけて、あいついで新方式に対応した運賃設定を発表した。それらをまとめると、表2－2のようなものになる。

これをみればわかるように、バーゲン型割引やインターネット割引、そして介護帰省割引など、各社の個性が打ち出されている面はあるものの、基本構造は同じであり、センセーショナルな報道がされたものの、それほど大きな変化ではないとみられる。これは、現行の市場環境がほとんど変わらないままでの規制緩和であるという、これまで同様のパターンからすれば致し方のないところであろう。

(3)　業界内での共同歩調

こうして、ともかくも国内市場においても競争が激化する現状を踏まえ、業界内での共同歩調も模索されている。

たとえば、日本エア（JAS）が、日本航空（JAL）、全日空（ANA）とそれぞれ国際線で共同運航する。欧米の巨大航空会社（Megacarrier）が主導する提携結成の波は、先述のごとく、日本にも押し寄せている。その提携先のなかで生き残るためにもコスト競争力の向上が欠かせないからである。日本エアが成田発着の中国線を運休し、その発着枠を両社との共同運航に振り向ける。日本の航空会社同士の共同運航は初めてのことである。両社との提携で国際線の収支改善を図りたい日本エアと、慢性的に不足している成田の発着枠を確保したい日本航空、全日空の思惑が一致した結果である[8]。

また、全日空と日本エアは、山形、岡山の両空港の地上業務を二〇〇〇年四月から相互受委託する。個別に手掛けている業務を一本化して[9]、人件費を中心に全日空は年間四〇〇〇万円、日本エアは二〇〇〇～三〇〇〇万円のコストを削減する計画である。地上業務の相互受委託も業界初のことであり、両社は他の空港でも同様の協力を検討するほか、日本エアは日本航空とも相互受委託を模索している。

その他、「B777」など共通機材の部品の共有化や国内通信網の統合、中核情報システムであるCRSの共同利用などの動きがあり、さらに東京—大阪線での三社での「シャトル便」の共同運航計画も浮上している。(10)

(4) 新規航空会社の経営戦略の建て直し

これまで革新性を追求し、独自の販売展開を進めてきたスカイマークエアラインズも、ここに来て日本の従来的な販売方式に「回帰」しつつある。

スカイマークは近畿日本ツーリストと一九九九年八月に代理店契約を締結した。そして同年九月から近畿日本ツーリストの店頭で航空券の予約・販売を開始している。スカイマークが大手旅行会社と代理店契約を結ぶのは初めてである。代理店網を広げるとともに、大手旅行会社の企画力を取り込むことで、個人客から団体客を含めた総合的な販売体制づくりに乗り出している。(11)スカイマークは、近畿日本ツーリスト以外の大手旅行会社とも交渉を進めている。

これまでは、格安航空券で旅行業界に風穴を開けたＨＩＳが筆頭株主であることもあり、スカイマークと大手旅行会社との間の溝は深かった。その両社が歩み寄った背景には、大手航空会社との競争に生き残るには大手旅行会社との代理店関係構築が欠かせないスカイマークと、スカイマークの取扱いを求める顧客の要望を無視しきれない旅行会社側の事情がある。このことからも、日本ではアメリカとは違い、依然旅行業者の販売力が絶対的であるという状況が理解できる。

また、北海道国際航空（エア・ドゥ）も経営方針の根本的な見直しに迫られている。

エア・ドゥは、一九九九年一〇月、年末年始など繁忙期に運賃を一万六〇〇〇円から二万円に値上げすると発表した。大手航空会社との価格競争の影響などで、二〇〇二年度までに累積損失を一掃するという当初計画の達成が困難になったため、単一運賃を掲げた戦略を転換する。また、この方針転換をめぐって経営陣の入れ替えがあったとみる見方がある。エア・ドゥの場合、地元経済への貢献を第一義として登場し、年間を通じた均一料金の設定が売り物であったがゆえに、そのあり方の再検討が強く迫られているのである。

3　航空企業のリストラ問題

最後に、ミクロレベルの動きとして、現在進められている航空企業のリストラ政策の展開で注目すべき点をいくつかあげておこう。

(1)　組織改革

ここでは日本航空が進めている販社化の動きに注目したい。日本航空は、営業の強化としてジャルパック、ジャルストーリーなどの子会社を含めて、支社、支店の一本化を図り、営業の効率化を図る。

また、地域ごとに販売会社を設立するとしている。こうした営業の独立化は、これまでにまったくない動きであり、これが組織全体にどのような影響を与えるのか、とくに営業が航空会社にとって特別な意義をもってきた経緯に即してみるとき、その動向が注目される。

(2) 雇用問題

雇用に関しては、一九九九年末に誕生した航空連合の動向に注目すべきである。これまで、一部の特殊領域を除いては、日本の既存航空会社間で労働組合が共同行動を取ることはなかった（そういう働きかけはかつて行われたことはあったが）。それが、日本航空と全日空との労組間で実現したことは、複雑な労使関係がネックとなってきた航空労働界に新たな可能性をもたらすことになるかもしれない。

また、リストラを進めていくうえで、航空機編成と運航乗務員の待遇に関係がある点にも注意しておかなければならない。日本の運航乗務員の給与が国際的に

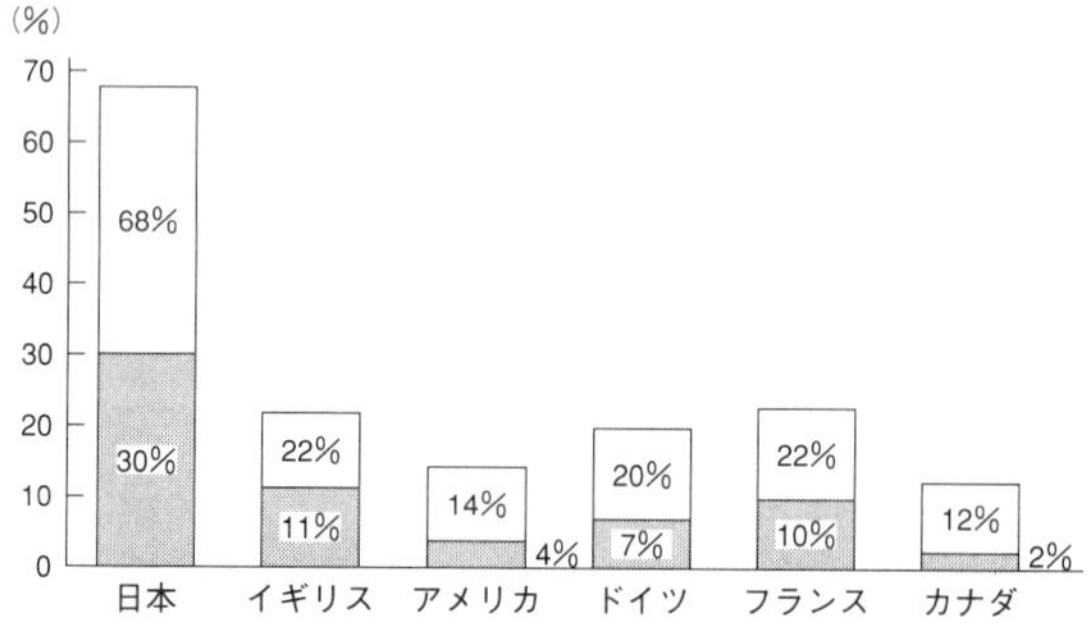

注）1）中・大型機の例（200席以上）：B747，B777，B767，DC-10，MD-11，L1011，A340，A300，A310
2）アミの部分は，B747の比率を示す。

出所）運輸省および『Currents』1999/秋，No.78，日本航空広報部

図 2–5　登録国籍別の中・大型機の割合

みて高いといわれる一因となっているのがこの航空機編成である（図２–５）。つまり、大型機ほど乗務手当てが高い構造になっているのである。また、航空機ごとに免許を取り直さなければならないという問題もある。規制緩和によって中型機を多用したい経営側の思惑と、それによって附帯手当が低下する運航乗員側の間で、今後軋轢が増す可能性がある。

（１）人流面におけるネットワーク化、提携戦略の推進に対し、国際物流では違った方向性を示している。米欧の物流大手企業は現在、国際的な企業再編や企業間の電子商取引によってモノの流れが一段とグローバル化しているのを背景として、国境を越えた事業展開を加速しているが、人流との違いは、「自前」での集配網を構築し、コストと時間の両面で競争相手を上回るサービスを提供する点である。たとえばドイツ国営郵便は、アメリカ大手陸上輸送会社エア・エクスプレス・インターナショナル（ＡＥＩ）の買収を通じてアメリカ市場に参入しようとしている。ＡＥＩは一九九八年の売上高が全米の陸上輸送会社でトップテンに入る。ドイツ国営郵便はグループでもつ航空輸送網とＡＥＩのアメリカ国内の輸送網を統合し、ＵＰＳやフェデックスに対抗する。また、アメリカのユナイテッド・パーセル・サービス（ＵＰＳ）は南米に強い大手航空貨物会社を買収した。すなわち、マイアミに本社があるチャレンジ・エアカーゴは、アメリカがオープンスカイ協定を結んでいる南米一八ヵ国への輸送で全米一位の実績を誇っている。ＵＰＳはアメリカ国内最大とされる自社の輸送網に統合することで南北米大陸のネットワークを構築する。一方アメリカのフェデラル・エクスプレス（フェデックス）は、独自に欧州市場に参入をはかっている。パリのシャルル・ドゴール空港に小荷物の仕分け施設を建設し、そこから欧州三八都市を空と陸で結んで翌日配送サービスを展開する。主要都市間の輸送を自前に切り替えることによって、欧州の郵便自由化後の競争に備えている。欧州では一九九九年、イギリス郵便公社によるドイツ大手ジャーマン・パーセルの買収、フランス郵便局によるドイツのデンクハウスの買収など、官業が民間の宅配事業者を傘下に収める動きがあいついでいる。EU域内では、封書郵便など郵便事業への新規参入が段階的に自由化されており、郵便事業者はノウハウの生かせる宅配分野に活路を見出そうとしている（『日本経済新聞』一九九九年一二月一四日付）。

（2） たとえば、これまで絶対的な優良企業としてみなされてきた英国航空も、一九九九年四〜九月期の税引き前利益は二億四〇〇〇万ポンドと、前年同期比約三八％減少した。通期では八七年の民営化以来、初の赤字（約二億ポンド）に転落するとの見方もでている。ジェット燃料の値上げという突発的な要因はあるとはいえ、主力の大西洋路線での競争激化による航空運賃の低下が経営に及ぼした影響については、重くみなければならない。

また、同じイギリスのヴァージン航空にも、苦境に陥っているとの観測が流れている。その根拠となっているのが、一九九九年一二月、航空部門持ち株会社の株式の四九％をシンガポール航空に売却したことである。これが、グループ内の資金不足によるものだというのである。しかし、こうした見方に対して同社のブランソン会長は、「この資金でインターネット事業に打って出る」と反論している。

（3） 国際間提携の進展に伴って、実務的な問題も顕在化してきた。たとえば、コードシェアが急増した結果、利用客が空港でターミナルなどを間違えるケースが起きている。約一三〇〇の国際空港で構成する国際空港評議会は一九九九年九月、コードシェアなどで提携する会社同士が空港内で近くにいれば、旅客の利便だけでなく、空港の効率的な活用や航空会社のコスト削減につながるとの狙いを込め、提携している航空会社は同一ターミナルへ、という見解で一致した。ただ、航空会社がターミナルを引っ越すとなると経費がかさむ。世界的にみて、どの空港も問題の解決にはほど遠い現状にある（『日本経済新聞』一九九九年一〇月二五日付）。

（4）最近は、国際提携間での共同運航の動きもあり、提携関係はさらに重層的かつ複雑化している。たとえば、一九九九年一一月、アメリカン航空はスイス航空と、サベナ・ベルギー航空と共同運航で提携したと発表したが、アメリカンとスイス、サベナは別の提携先に属している（アメリカンは「ワンワールド」、スイスとサベナは「クォリフライヤー」）。提携後に二つのグループを合併させることはないとしている。スイスとサベナは一九九九年夏まで新たな航空連合の結成を目指しているデルタ航空と提携交渉を進めていたが、アメリカンがこれを阻止した格好になった（『日本経済新聞』一九九九年一一月一九日付）。

（5）これに対して日本の場合は、依然としてこうした大幅な状況変化が起こるまでには至っていない。日本では、国内線で総旅客売上の八〇％、国際線では九〇％が旅行会社を経由しているため、従来、大手航空会社三社はネット販売に慎重である。しかし、コスト削減が叫ばれるなかで国内線で運賃の五％、国際線の九％の発券手数料は、いまや航空会社の重荷となっていることは確かである。そこで、最近は日本でも、大手航空会社三社も自らネット販売に乗り出しているが、ネット上で決済まで可能なのは国内線だけである。実際の販売席数は国内線総旅客数の約一％に過ぎない。国際線では、他社便に乗り継ぐ際の運賃決済など、システムが複雑で、ネット販売は三社ともまだ実施していない。サイトを通しての購入というのもまだまだ進んでいないというのが現状である。

(6) 現在、地方路線を新たなかたちで運営していこうという動きも確かに存在している。

日本航空はカナダ製の小型ジェット機を二〇〇〇年度末までに二機導入し、二〇〇一年四月から、広島を拠点としたコミューター航空事業を強化する方針である。低コストの運航子会社「ジェイエア」が担当する。エアリンクは二〇〇〇年夏の新規参入を目指している。高めの運賃設定でも採算がとれるビジネス客を掘り起こす計画である。

(7) 運輸省が示した評価方式は、航空会社をグループ全体として捉えている。そして、現在の状況と過去五年間の取り組みをもとに評価を数値化し、配分数を決めるとしている。

評価項目としては一一項目があげられているが、このうち五項目が路線網の維持・拡充に関係するものとなっている。具体的には、「旅客需要が年間一〇万人以下の低需要路線の便数が業界平均を上回っているか」、「過去五年間で低需要路線の便数が増えているか」「羽田と大阪以外の空港を結ぶ便数が五〇%を超えているか」などである。しかし、これまで地方路線の運航が既存大手航空会社の内部補助体制で維持されてきたことに即してみた場合、こうした項目に適合的な路線政策を経営戦略としてとったならば、企業戦略としてはむしろ収益性を軽視したものとして、逆に非難の対象となるべきものといえる。一方で、航空会社に採算性の向上を求めながら、その評価においては逆の方向性を重視するというのは矛盾したものであり、新たな検討が求められる。

また、二〇〇七年にも羽田空港の増枠が行われるが、これに関して、二〇〇五年までに開港する空港とのあいだの路線にかぎって、一日一便だけ特定路線枠を設置するという方針が立てられている。しかし、これに対しては、東京との日帰りを可能にするには便数が少なすぎ、あまり意味のないものであると同時に、空港建設に対する歪んだ公的支援との批判が成り立つだろう。

（8）同一国の航空会社が共同運航する場合は、乗り入れ相手国との政府間交渉が必要で、日本の場合は、アメリカ線と韓国線だけに認められている。ハワイ線などアメリカ線については、三社（日本航空、全日空、日本エア）はそれぞれアメリカと共同運航などで提携していることから、共同運航路線としてはソウル線が有力である。

（9）山形空港では現在、全日空が日本通運、日本エアが山新観光に委託、岡山空港では両社とも個別に両備バスに委託している。

（10）この問題をめぐっては、さまざまな重要な論点があり、別の機会に詳しく論じることとしたいが、本間正明氏が『日本経済新聞』「経済教室」（一九九九年一二月二八日付）で述べているようなモーダル間競争の促進論のなかでは、なぜ航空路線としての東京—大阪線がそこまで重要なのかという分析が不徹底である。むしろ、日本の国際航空体系のなかでの現状において、関西新空港をどう活用していくべきかという視点で、この問題をとらえていくべきであろう。

（11）現在スカイマークエアラインズが代理店契約を結んでいるのは地方の私鉄系の旅行会社などが主体で、取扱店舗数は約一三〇〇店である。直営など全体で一二〇〇店舗をもつ近畿日本ツーリストの販売チャネルに乗ることで大幅な集客増を見込んでいる。当初は航空券の予約・発券だけだが、今後は近畿日本ツーリストが主催する団体旅行にスカイマークを組み込むなど、幅広い関係の構築も検討していくという（『日本経済新聞』一九九九年八月二四日付）。

第3章　航空と他の輸送モードとの関係性：シャトル便問題を考える

1　近年のインターモーダリズムの再評価

最近よく主張されるものに、インターモーダリズム（Intermodalism）という考え方がある。これは、交通機関間の役割分担を追及するものであり、各交通機関間で競合するばかりではなく、諸事情から適正と判断される場合には、お互いの共存関係を模索することによって社会的便益を向上させようという考え方である。たとえば、ヨーロッパの場合では、空港と高速鉄道を有機的に結びつけることによって、ヨーロッパ域内に国境を越えた効率的な交通体系を構築しようという試みがなされてきた。また、より身近なところでは、パーク・アンド・ライド・システム（Park and Ride System：最寄り駅まで自動車などで通い、そこで駐車場に止めて、そこから先は公共交通機関を利用して通勤・通学を行うというもの）がある。こうした考え方は、近年、環境問題の高まりのなかで、環境負荷を少しでも減らそうという問題意識から論じられる機会が増えた。そこで最近、インターモーダリズムの焦点が若干、環境問題に移行してきたように思われる。たとえば、自動車と鉄道との関係から、なるべく大量輸送機関を使うことによって総交通費用を縮減しようといった議論は、その典型であると考えられよう。しかし、近年のもう一つの重要な社会的課題である財政の逼迫と、そこから露呈してきた従来型の公共投資依存型経済構造の限界という観点からインターモーダリズムを考えることも非常に重要である。そこで、本章では、とくに後者の観点から、最近話題を集めている羽田—大阪線の大手航空会社三社間の提携によるシャトル便構想について考察してみたい。

ただ、ここで最初に断っておかなければならないことは、後にも言及するように、シャトル便といってもこれは厳密な意味でシャトル便といえるようなものではない。むしろ、三社間でのダイヤ（出発時刻）の調整のことを主として意味するものと捉えるほうが正確であろうと思われる。[1]しかし、ここではあえて一般的にいわれているように、シャトル便構想として議論を進めていきたいと考える。

ここでまず問題となるのは、どのような役割分担が望ましいのかという根本的な問題である。交通機関間で単純に話し合って役割分担すればよいというものではない。それでは、単なる事業分野の棲み分けになってしまい、競争原理が阻害され、非効率な状態が現出し、社会的費用はかえって増大してしまうことになるだろう。

競争原理を活かしつつ、総体としてどこまで費用効率、環境負荷の最適化を行うか。この点、新幹線と航空会社の対抗関係をどのようにとらえるかは、非常に難しい面もある。以下、具体的な検討に入る前に、若干、現代における交通の役割の変化について検討を加えておきたい。

2 今後の交通に求められるもの

現在、情報化が急速な勢いで進展している。このような情報化社会の進展は、人が移動しなくても瞬時に大量の情報が伝達できるので、直接的な交通手段の重要性は減じていくのではないかという議論を呼び起こす。[2] これはだいぶん以前から存在する主張である。しかし、現実的にはむしろ、交通の果たすべき役割は、今後ますます重要なものとなってくるだろう。これからの社会における交通の重要性とは何か。情報化社会における交通の重要性とは、何といっても高速性である。そして、この意味において、航空は交通市場においてまさにその重要性を高めていくものと予想される。

ではなぜ、高速性が情報化社会において改めて再評価されるのであろうか。それは、情報の質の問題とかかわってくる。

現代のような情報化社会では、時間価値はこのうえもなく高まっている。一般的な情報の伝達は、確かにインターネットなど、現存の情報機器を使用すれば瞬時に行うことができる。しかし、情報には質の違いがあり、その情報の質が高まるほど、情報機器を通じたやり取りは避けられ、直接相手に会って、自分の口から伝えたいという欲求が高まる。なぜなら、すでにカード決済に伴うカード番号の打ち込みが他人に知られ、流用されるという問題が頻繁に生じているように、インターネット上のセキュリティ管理がいまだ十分に確立されていないからである。[3] このため、重要な情報であればあるほど、直接に会って伝達しようとするのは当然のことであろう。また、会議などを行う場合でも、テレビ電話というコミュニケーション手段もかなり高度な発展を遂げてきているが、相手の表情の微妙な変化やその場の雰囲気というものを伝えることはやはり限界があるだろう。

こうして、情報化社会においても移動に対する需要はなくならず、むしろこれまでよりも厳しい要求が突き付けられることになる。

このとき、重要な情報を伝えるために相手のところに行くのに時間がどの程度かかるかは、どの交通機関を選択するかというときに最大のポイントとなってくる。そして、このことを考えるさいには、総移動時間、すなわち、アクセス時間を考慮に入れて時間的比較を行う必要がある。

このように、情報化社会では、直接的移動ということのもつ意味が再評価されなければならないし、とくにビジネスの遂行上、航空機のもつ高速性というものは重要な戦略資源となってくるのである。そこで、今回のシャトル便の開設も、こうしたビジネス需要をもっとも直接的につかむことができうる路線として、東京―大阪を選び、そこに新幹線との競争を仕掛けたということが可能であろう。

3　東京―大阪線におけるシャトル便構想の背景

さらに、なぜ東京―大阪線にシャトルが導入されたかの意味について検証することにしよう。

交通経済学の成果として通常指摘されているのは、消費者が飛行機と鉄道のどちらを選択するかの判断基準は、その所要時間が三時間を超えるか否かということである。この三時間という数字は、おおよそのところ、東京―大阪間の移動時間に該当する。つまり、この路線は航空と鉄道間での選択の分岐点にあたる、微妙な位置にある。実際には新幹線のぞみ号を利用したとすれば、時間的に新幹線のほうがかなり有利になるが、料金がかなり高くなるという問題が出てくる。とはいえ、空港までのアクセス時間を考えれば、新幹線のほうが時間的にも、また普通運賃という面においても、はるかに有利なように思われる。ただ、航空側は、新幹線との対抗上、さまざまな料金サービスや付加的サービスを提供している。その一つは大幅な割引制度である。割引料金は、さまざまな付帯条件がつくため、行動の自由度を求めるサラリーマンにとっては使い勝手の悪いものであるが、昨今の経費節減の傾向から、そうはいってもおられず、積極的にそうした割引を利用しようとする動きも活発化している。また、マイレージバンクによる旅客の取り込み合戦も、この競争に大きな役割を果たしている。こうして、この路線では、新幹線と航空機の間で激しい旅客争奪戦が行われている。

こうした状況下、日本航空、全日空、日本エアの国内航空三社は、共同でこの路線にシャトル便を運航する計画を発表した。複数社が共同でシャトル便運航を行うのは世界でも初めての試みである。お互いが不利にならないように出発時間帯などを各社間で均等に配分し、しかも時間間隔を均等に設定することで、利用者に対する時間的利便性を高め、かつ欧米型のシャトル便を想定することによって取扱い業務を最低限にとどめ、コストを削減し、それを料金面に反映し、鉄道に対する価格競争力を高めようというものである。

確かに現在でも、航空料金は平均して低落傾向にあり（図3-1）、シャトル便を設けなくても、鉄道との価格面での競争は十分に対等であるといわれることもある。しかし、その議論の対象となる料金は、予約変更のきかない、そして供給座席が限られ、航空会社の営業戦略上、その総供給座席数が明らかにされないディスカウント料金であり、消費者の満足度は概して高いものとはいえない。とくにこの路線はビジネス路線であることから、予約変更できないことは、仕事の都合によって行動の自由度が最大限に求められるビジネスマンにとってはマイナスである。このような現状に即してみれば、現段階で当該路線において、航空機が新幹線に対等に伍しているということはとてもいえないだろ

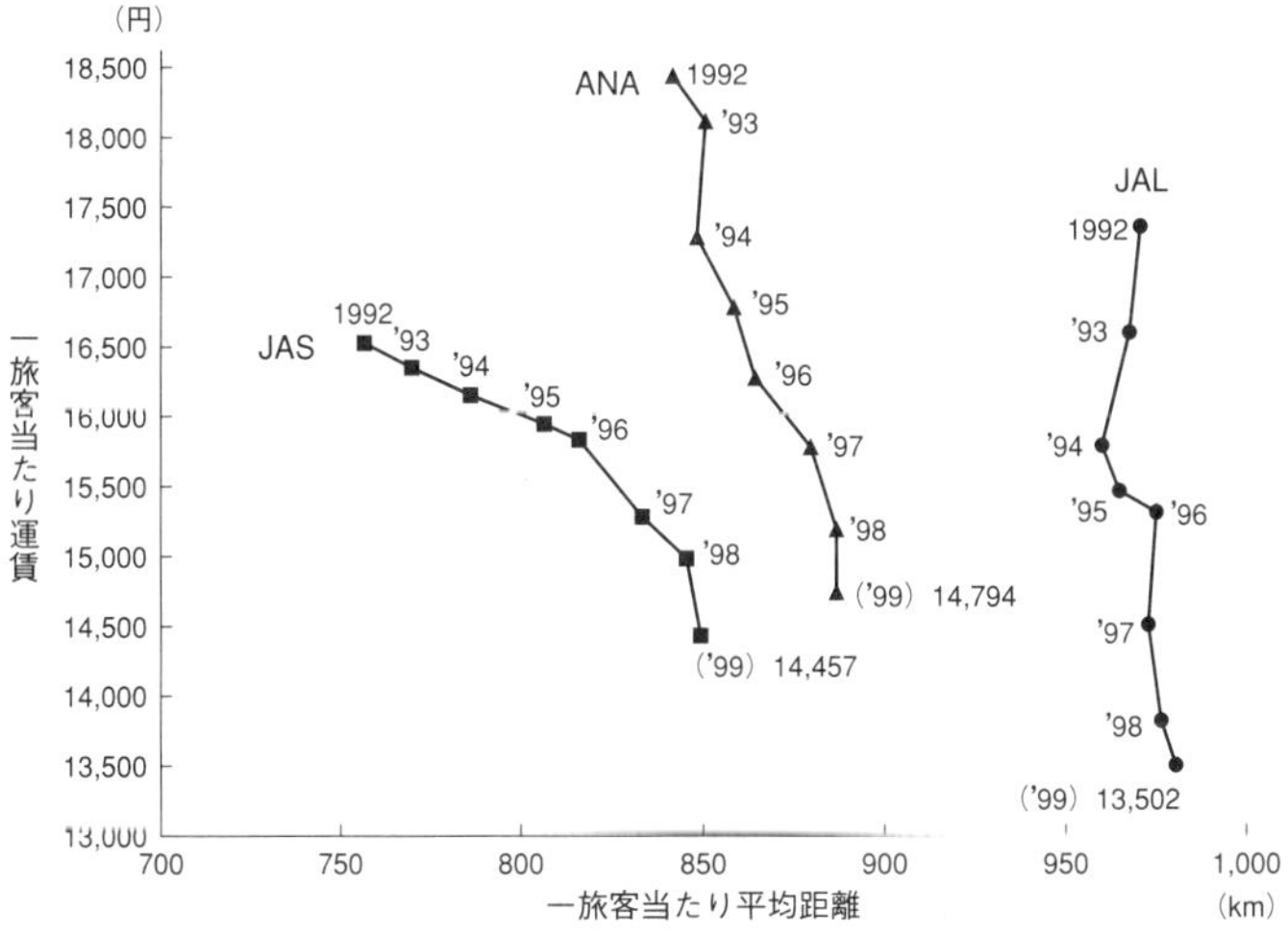

出所）　航空会社資料より

図3-1　三社の国内線一旅客当たり運賃の推移

う。そこに、欧米型シャトル便のように均一料金で、しかも空港での先着順に席がとれるといった、きわめて明快なシステムを導入するならば、確かに競争力の向上に大いに資することになることは間違いないだろう。

4　シャトル便構想に対する新幹線側の対応

さて、航空三社のシャトル便化の動きに対して、新幹線を擁するJR東海（東海旅客鉄道）はどのような反応を示しているのだろうか。今のところ新幹線側は冷静に受け止めており、「浮き足立った対応をするのは賢明ではない」と、割引競争には乗らない姿勢を示している。

その背景には、先にも触れたが、両者の間の圧倒的な輸送量の違いがある。東京—大阪間は、航空機の一〇倍の旅客を新幹線が運んでいる。JR東海側は、「料金を割り引いたからといって乗客が増える保証はない。むしろ、割引分だけ減収になる恐れが強い」としている。

しかし、東海道新幹線の運賃の割高感が指摘されているのも事実である。シャトル便で割引運賃が打ち出されれば、利用者からの値下げ圧力が強まる可能性もあり、その場合には何らかの対応を迫られるだろう。(4)

シャトル便化以前の段階としても、航空各社側は一九九九年夏季の運賃設定において、新幹線との対抗上、例年にない割引を打ち出している。国内需要の伸びが鈍り、新規参入があいつぐなかで、航空会社三社がパイを増やすには、ライバルたる鉄道から旅客を奪うしかないという認識がある。

二〇〇〇年二月からはいよいよ国内航空運賃の完全自由化が達成された[(5)]。新制度では他社や他の交通機関との競争関係が運賃設定を大きく左右する条件になるとの指摘がある。つまり、航空会社は対JR戦略を一段と鮮明にする必要に迫られる。

5　東京―大阪線という路線の特性

つぎにこのシャトル便構想の問題点を指摘しておきたい。

まず、なぜこの路線にシャトル便が必要なのかという理由づけが明確ではない。確かに、東京―大阪間は、先にも述べたように、ちょうど利用者が航空機を選ぶか、鉄道を選ぶかの分岐点にあたる所要時間帯にある。よって、今後の航空業界の厳しい競争環境の現出を踏まえ、少しでも総体的な需要を増やしておきたいという意向は理解できる。

しかし、元来、東京―大阪線は収益性の低い路線である。航空輸送における採算性は、その離発着当たりの運航距離の長さによってある程度決まってくる。つまり、航空輸送においてもっともコストが掛かるのは離発着時の燃料消費であるから、この割合が運航距離当たりで小さければ採算性がよくなるのである。そうした観点からみれば、東京―大阪線は航空輸送にとってはあまり魅力のない路線であり、現状程度の供給があれば、十分ではないかと考えられるのだ。

このように考える背景には、羽田の発着枠の問題がある。

現在、羽田空港の発着枠は供給制約の状態にある。航空会社にとって確実に旅客需要が見込まれるのは羽田をその一端とする路線であり、この羽田空港の発着枠がどれだけ確保できるかが、直接にその航空会社の採算性に結びついてくるのである(6)。

こうした貴重な経営資源である羽田の発着枠を収益性が相対的に低い当該路線に振り向けることが、どこまで経済的に合理性があるのかは大いに疑問が残るところである。

こうして考えてくると、思い切って新幹線に東京―大阪線の運航を全面的に任せれば、無用な競争を避けることができると同時に、東京―大阪線のスロット（発着枠）を他の地方路線に振り向けることによって、社会的により有効な路線配分が実現できるという考え方がある(7)。

もちろん、現状において、羽田空港のスロットをどのように拡充あるいは有効活用していくかという問題は、難しいながらも解決が急がれる重要な問題である。しかし、東京―大阪線は、ほとんどがビジネス旅客が占めるという特異な性格を考えた場合、その移動に求められる迅速性から、当該路線における輸送を完全に新幹線に委ねてしまうことにも問題が生じてくるだろう。かつ、インターモーダル下における競争原理の維持運営という観点からみた場合、新幹線が圧倒的シェアを占める東京―大阪線においては、せっかくここまで進んできた両者の競争努力を元の独占的・寡占的状態に引き戻すことになりかねない。よって、両者の競合関係を促すことは、消費者利益の向上という目的にとってきわめて重要な視点である。

6　羽田空港の発着枠の問題点

ここで羽田の発着枠の供給制約という前提条件が変わってくれば、話はまったく違った方向にいく。実際、二〇〇二年あたりからは、発着枠にも若干のゆとりが見込まれる。そこで、この供給制約の解消という問題について言及しておきたい。

羽田空港の発着枠の問題については、地方空港の建設問題と連携させるかたちで、別の角度から論じていかなければならない。なぜなら、羽田空港を筆頭とする混雑空港の供給制約の問題を、容量拡充によって解決しようとするならば、当然ながら莫大な財源を要することになる。地方空港の時代といわれた八〇年代後半の頃は、航空需要を地方に分散することによってこの問題を解決しようとする意見が多くなされたが、バブル崩壊後の財政破綻のなかで、高齢化などの問題を抱え、以前にも増して効率的な財政運営が求められている現状下、また、経済の東京一極集中が一向に変化しない状況では[8]、地方空港の数は概して過剰供給であり、首都圏空港の整備に当分のあいだ力を傾注すべきであると考えられ、現に空港整備計画もそうした方向は鮮明に打ち出している[9]。そして、もし今後新たに空港を建設する必要に迫られる場合でも、これまでほとんど行われてこなかった費用／便益分析を厳密に行い、その結果を広く公開しながら、その空港の必要性をより突っ込んで検討しなければならない[10]。そうすることによって、その財源たる空港整備特別会計の余分な出費を抑え、その捻出された資金を、運賃引き下げと羽田空港の拡充資金に振り向けることができる。あるいはむしろ、空港整備特別財源という制度をなくし、首都圏空港の整備は、そのための特別会計を新たに創設して、その重要性の明確化をはかることも考えられよう[11]。

7 シャトル便ということの本来的な意味

つぎに、シャトル便というものに本来期待される役割という観点から検討してみよう。欧米でのシャトル便は、単一の航空会社が担っており、人が集まり次第、どんどん飛ばしていくというのがその基本的な発想である。そこでまず問題となるのが、発着時間帯を分散させるという発想は、確かに旅客にとっては選択の余地を広げるということで利益をもたらすものの、需要の多い時間帯に柔軟に対応するという本来の需要は満たされていない。これは、前節でみたように羽田の発着枠の制限があるという事情下ではやむをえないことであるが、これでは先にみたように、厳密にいえば発着時間の三社間の調整にとどまる。

また、運営側の問題として、もし本来的なシャトル便化を目指すとなれば、三社間で機材も融通しあうということになると、各社は機材繰りの自由度をある程度拘束されることになる。この調整は難しいものとなってこよう[12]。

同じく具体的な運営面での問題として共通カウンターの設営に関する問題がある。

二〇〇〇年九月の羽田、関西両空港での共通カウンターの設置をもって、シャトル便の正式スタートというように位置づけられているが（伊丹に関しては予定なし）、日本航空、日本エアと全日空のカウンターは物理的にかなり離れており、旅客への周知徹底をはからないと、混乱を招く恐れが高い。同時に、チェックインした荷物をどのように振り分けるかという問題もある。(13)

また、現在は料金は普通運賃など、基幹的なものについては統一化がなされており、エンドースメント（裏書）も可能で、公正取引委員会からも表だって問題とされていないが、今後、コード・シェアリングや料金のプール化による収入の振り分け方式を採用していくとなれば、公正取引委員会との関係が問題となってこよう。公正取引委員会は、三社間の過度の調整は独占禁止法の疑いがあるとして牽制しているが、この構想を推し進めようとする背景には、航空需要を増やそうという航空業界側の直接の思惑とともに、航空機と新幹線間の競争を促進し、それによって消費者便益を向上させるという効果が見込まれるという公的判断が加わったものとみることができると考えれば、このシャトル便については全面的に独占禁止法の適用を除外し、本来のシャトル便の姿に一歩でも近づくよう、側面支援をすべきであろう。

8　何のためのシャトル便開設なのか

さらにここでもう一度、もともとなぜこの路線にシャトル便を引く必要があるのかについて論及しなければならない。すでにこの路線の相対的な収益性の低さについては前述のとおりである。また、確かに新幹線との競合では互角に持ち込みやすいということも理解した。しかし、依然として昼間帯まで便を設けるまでの必要性があるのかどうかを理論づけることは難しいように思われる。

たとえばこの問題に関して、大阪大学の本間正明氏は、関西経済圏の浮揚をはかるということをシャトル便開設の主な意義であるとされている[14]。しかし、それがどのようなかたちで関西圏の経済振興に具体的につながるのか、なぜ関西という地域がとくに注目されるかという点については、説得力のある説明を行っていない。むしろこの論文を読めば、関西圏の地元エゴと受けとめられても仕方のないような印象を受ける。

しかし、そうはいっても、当該路線におけるシャトル便開設を全面的に否定しようというのではない。筆者はとくに関西新空港の有効活用をはかるという意味において、シャトル便開設を評価したいと考える。

現在、首都圏における国際線需要をほぼ一手に担っている成田空港は、滑走路新設をめぐる地元住民との調整がいまだ最終的な決着をみず、暫定滑走路は運用を開始したものの、十分な機能を果たしているとはいえない状況にある[15]。そこで、その供給制約を補うために、関西新空港の利用を促進しようということが考えられる[16]。

こうした政策意図からすれば，シャトル便によって首都圏の国際旅客をより多く関西新空港に移送し，そこから出国させることによって，需要の分散をはかることは，経済合理性にかなったことといえるであろう。こうすることによって，首都圏第三空港などをつくることなく，需要増に適切に対処していくことができるからである。

ただし，こうした方向性を推し進めていくためには，関西新空港を利用することを促進するような誘因（Incentive）が必要である。旅行者の立場でみれば，できるだけ航空機の乗り継ぎなしで，直行便で目的地にたどりつきたいと思うのは当然のことである。以前，大阪・伊丹空港が国際線の出国空港としてにぎわったことがあった。それは，成田空港の高い空港施設利用料に対して利用料が課されなかったことがあったからである。こうした誘因を設定したうえで，シャトル便枠にも余裕がある関西新空港に振り向ければ，その意義は大いに高まることと思われる。

9　おわりに

以上，インターモーダリズムのあり方について，現在のシャトル便構想を例として具体的に検討を行ってきた。最後に本問題に照らし合わせて，インターモーダリズム自体の意義について考察しておきたい。

インターモーダリズムの推進自体は、現況において差し迫る課題であることは間違いない。それは、すでに述べたところであるが、第一に高齢化社会の到来に伴う福祉需要の増大、情報化社会への対応のための投資需要、それによる財政需要の増大とすでに多大な負担となっている財政赤字の存在である。こうした事情から、従来型の無尽蔵な公共投資への財源配分が不可能になり、その結果として、従来型の交通体系を維持することが不可能となったこと、そして第二に、環境問題の深刻化への対応が差し迫る課題となってきたことがある。

ただし、インターモーダリズムの考え方には、行政的効率性と社会的効率性のあいだのジレンマがある。つまり、理念的に効率的な役割分担を推進しようとする前者と、競争原理を併用して実質的な効率化を保証することによって、真の社会的効率性の達成を目指そうとする後者のあいだに存在するアンビバレンスである。この問題をどのように解消していくかは、今後の大きな課題である。

そして、より具体的な問題としては、航空の側からみれば、やはり空港アクセスをもっとダイナミックに改善していかなければ、インターモーダル輸送などまだまだといった感が残るのは否めない。競争社会のなかでは、企業間の自発的な役割分担というのはなかなか望めないということを考えれば、インターモーダリズムを進めるうえでは、どうしてもどこかの段階で行政が介入しなければならないであろう。しかし、ここで自由裁量として行政の介入を許してしまえば、従来の規制構造と結局は同じようなことになってしまう可能性がある。つまり、新たな規制利権の発生を助長してしまうことにもなりかねない。そのためにも、誰もが明瞭に、分担関係の是非を問えるような客観的な指標の作成が求められる。

（1）かつて日本航空と全日空間でダイヤ調整が行われたことがあったが、そのさいには短期間で瓦解してしまった経緯がある。今回のように三社間でダイヤ調整が可能になったのは初めてのケースであり、そのことだけでも今回の動きは注目される。

（2）実際にＩＣＡＯの報告のなかで、一部の航空需要がインターネットなどの情報手段の発達によってとってかわられたという実証結果があると紹介されている。

（3）この点については、よく安全管理技術が完成されたという発表がなされているが、情報技術の開発に携わる人びと自身がこの問題について否定的である。

（4）最近になってＪＲ側は、運賃面での政策には変化をみせないものの、のぞみ号の利用に対して立ち席を設けたり、自由席の導入を発表するなど、その使い勝手の向上をはかることによって、航空機への対抗措置をとっている。

（5）ここでは「完全自由化」と書いているが、厳密には、過当な運賃引き下げ競争や不当な運賃設定がなされた場合には、政府に介入の余地が残されている（これをセーフティ・ガードという）。国内航空運賃は元は認可制であった。これは、まだ航空産業が成熟を迎えていない段階で、航空会社に過当競争を行うことを禁止し、安定的な収益を確保させることで、ジェット機や大型機の導入など、機材・設備投資をして業界の発展を促すとともに、安全面への配慮を強制するものであった。しかし、業界が成熟化し、国際競争力の向上が強く求められるなかで、一九九六年、幅運賃制度への変更がなされ、運賃設定はある程度自由化されることになった。そして、今回はさらにほとんどの制約条件が撤廃されたのである。この間の詳しい事情、さらには今回の航空法改正がどのような影響を市場にもたらしたのかについては、第五章を参照のこと。

(6) 羽田空港の発着枠と航空会社の収益性の関係については、一九九八年の定期輸送への新規参入が実現したさいに明確に示された。それまでの新規参入側にとっての参入障壁の一つとして、収益が確実に見込まれるとされた羽田空港の発着枠が、既存大手航空会社との力関係上、確保できないということがあった。これが九八年三月の増枠分の配分に当たっては、新規参入を実現し、競争を促進させようという政策意図から、増枠分のうち六枠が、政策的に新規参入会社に配分されることになったのである。その結果、スカイマークエアラインズは東京—福岡線に、北海道国際航空(エア・ドゥ)は東京—千歳線に参入したのであった。その後は、猛烈な値下げ合戦により、消費者は多大なる便益を享受したけれども、両社は予期しない困難に直面することになり、幹線に参入することが果たして新規参入側にとって果たして得策であったかどうかは検討の余地が残るところである。

(7) 以前からあった議論としては、リニア・モーターカーが運用ベースに乗れば、東京—大阪間はリニアによって全面的に運用され、航空機はより長い距離の路線に特化して役割分担すべきだというものがある。

(8) 空港経営が成り立つかどうかは、ひとえに後背地需要の大きさにかかわってくるといってもよい。これまでの地方空港建設においては、その計画段階で、空港建設に合わせた工業団地の開発やフライト農業などの導入によって産業誘発効果が高まることを過大視し、経済効果を大きく見積もってきた例が多かった。しかし、現実にはその計画がほとんど実質的な検討を踏まえないままに安易に打ち出されてきたために、空港の乱造につながった経緯がある。現在、収支が伴っているとみなされるのはいずれも大都市圏の空港であり、もともと経済的な需要が存在していたがゆえの結果であることは明記しておかなければならないだろう。

（9）しかし、こうした姿勢は完全に貫徹されているわけではなく、それにそぐわないような地方空港建設が空港整備計画のなかに盛り込まれている。筆者は地方空港の整備自体を完全に否定するものではなく、現段階でも必要な地方空港整備は確実に存在するものと考えるが、ただ、財源問題はより民間資本を主体として自律性の高いものに転換していかなければならないだろうとは考えている。そのさいに現在試みられているＰＦＩ（プライベート・ファイナンシャル・イニシアティブ：民間資本によって公共事業を行っていこうというものでイギリスで発展をみた）が日本においてどのくらい有効性をもちうるのかについては、今後精緻な検証が必要であろう。

（10）すでに運輸省は、公共事業の実施対象の採択にあたって、このような費用・便益分析を義務づけることを明らかにしている。さらに、その結果の比較検討が統一した視点でなされうるように、現在価値への割引率を統一するなど、木目細かい指示をしている。このことは大いに評価されるべきことではあるが、同時に公共事業の効果をどこまでの期間でみるのか、金銭的価値ではかれない分をどのように評価のなかに取り込んでいくか、という難しい問題が依然として残されていることにも配慮が払われるべきであろう。こうした点を踏まえ、部分的ながら具体的に検証したものに、上村淳三・戸崎肇「空港整備の経済効果―九州の事例分析」（『社会資本整備研究会実証小委員会報告書』日本経済研究センター　一九九九年七月）がある。参照されたい。

（11）この根拠としては、先にも触れたように、情報化社会において高速交通手段としての航空、そしてその運航の不可欠の要件である空港整備というものは、今後の社会変化のなかで新たな位置づけをなされなければならないと考えるからである。これと同様の文脈で地方空港整備も考え直してみる必要がある。この点に関しては、拙稿「航空と規制緩和」(『現代の交通』(大久保哲夫教授退任記念論文集)税務経理協会　二〇〇〇年所収)、あるいは同「沖縄振興と航空政策」(季刊『沖縄』沖縄協会二〇〇〇年冬号)を参照のこと。

(12) このことに関連して、旅客の便宜上、同一スポット(駐機場)にたえず駐機させるという要請も出てくる。

(13) ちなみに、飛行機は地上に駐機している状態はまったくのコスト状態であり、できるだけ収益を生み出すべく、緊密なスケジュールを組んで、路線から路線へと運航を繰り返している。そのパターンが、どこかで故障などで遅れが生じれば、全体の運航パターンに影響を与えることも十分にありうることである。新規参入当初のスカイマークエアラインズが初便で生じた遅れを最後まで引きずり、むしろ増大させていったという背景には、当社が一機しか保有せず、異常に対応した機材繰りができなかったという事情がある。

(14) 本間正明『日本経済新聞』「経済教室」一九九九年一二月二八日付

(15) 外国各社からの乗り入れ要求に応えられていないというのがその一つの証左である。なお、現在は羽田空港の国際化が強く推進されており、ほぼ規定方針化されている状況にあるが、ここでの議論では、羽田の国際化という条件は外して考えることとする。

(16) 二〇〇〇年に入って全日空は、国際路線の総合的な見直し政策のなかで、関西新空港からの撤退姿勢を打ち出してきた。このままの状態が放置されるならば、関西新空港は、現在抱えている諸問題の解決をみることなく、運営が破綻し、日本経済にも少なからぬ影響をもたらすことになる恐れがある。

第4章　航空産業にみる競争政策

近年、経済をとりまく諸環境の変化を受け、さまざまなかたちでの構造改革が模索されてきた。その最たるものは規制緩和、自由化であろう。一九七〇年代にアメリカで始まった大胆な規制緩和・自由化政策は、急速な勢いで世界各国に伝播し、多大なる影響をもたらしていった。日本もその例外ではなく、一九八〇年代半ば、ときの中曾根政権下で最初の規制緩和政策が推進された(1)。それは、規制緩和、自由化が行われるさいに、たいていの場合、その主な対象となるのは航空である。それは、国防問題とも絡み、従来手厚い保護が行われてきたという事実もあるが、関係団体の抵抗が弱く、改革を進めやすいという事情もあった。

アメリカの航空自由化は大変なインパクトを市場にもたらしたが、一九八〇年代の日本の場合には、それほど大きな影響を与えることはできなかった。しかし最近は、バブル経済の崩壊を受け、日本経済の国際競争力の低下が深刻に懸念され、本格的な自由化政策の導入が検討され、施行されるようになってきた。

そこで本章では、戦後の日本の航空行政の流れを概観した後に、一九九八年に実現した定期航空輸送への三五年ぶりの新規参入の意義を検証することを通じて、日本の航空産業に対する競争政策のあり方について論じてみたい。

1　戦後の民間航空事業の復興

日本の民間航空の歴史は戦後に始まった。航空産業は軍事と深いかかわりをもつがゆえに、終戦後は米軍の管理下におかれ、長らく自主権を剥奪されることになる。このことが、戦後の民間航空の国際的出遅れにつながった。

一九五二（昭和二七）年四月、サンフランシスコ平和条約の発効に伴い、民間航空の自主運航が可能になった。その準備として、五一年に日本航空株式会社が設立され、五二年一二月には、全日空の前身である日本ヘリコプター輸送（日ペリ）、極東航空が設立された。そして、五三年には日本航空法が制定され、政府出資を受けた現在の日本航空の原型がつくられた。五二年から五八年にかけては、これまで潜伏を余儀なくされてきた民間航空の芽が一気に開花した時期であり、一〇社にも上る新規航空会社が誕生した。

その後再編が進み、五六年三月には日ペリと極東航空が合併して全日空が誕生、六四年には北日本航空、日東航空、富士航空が合併して日本国内航空が誕生、七三年には国策的に日本国内航空と東亜航空が合併して東亜国内航空（現在の日本エアシステム（ＪＡＳ）の前身）が誕生した。ここに現在に

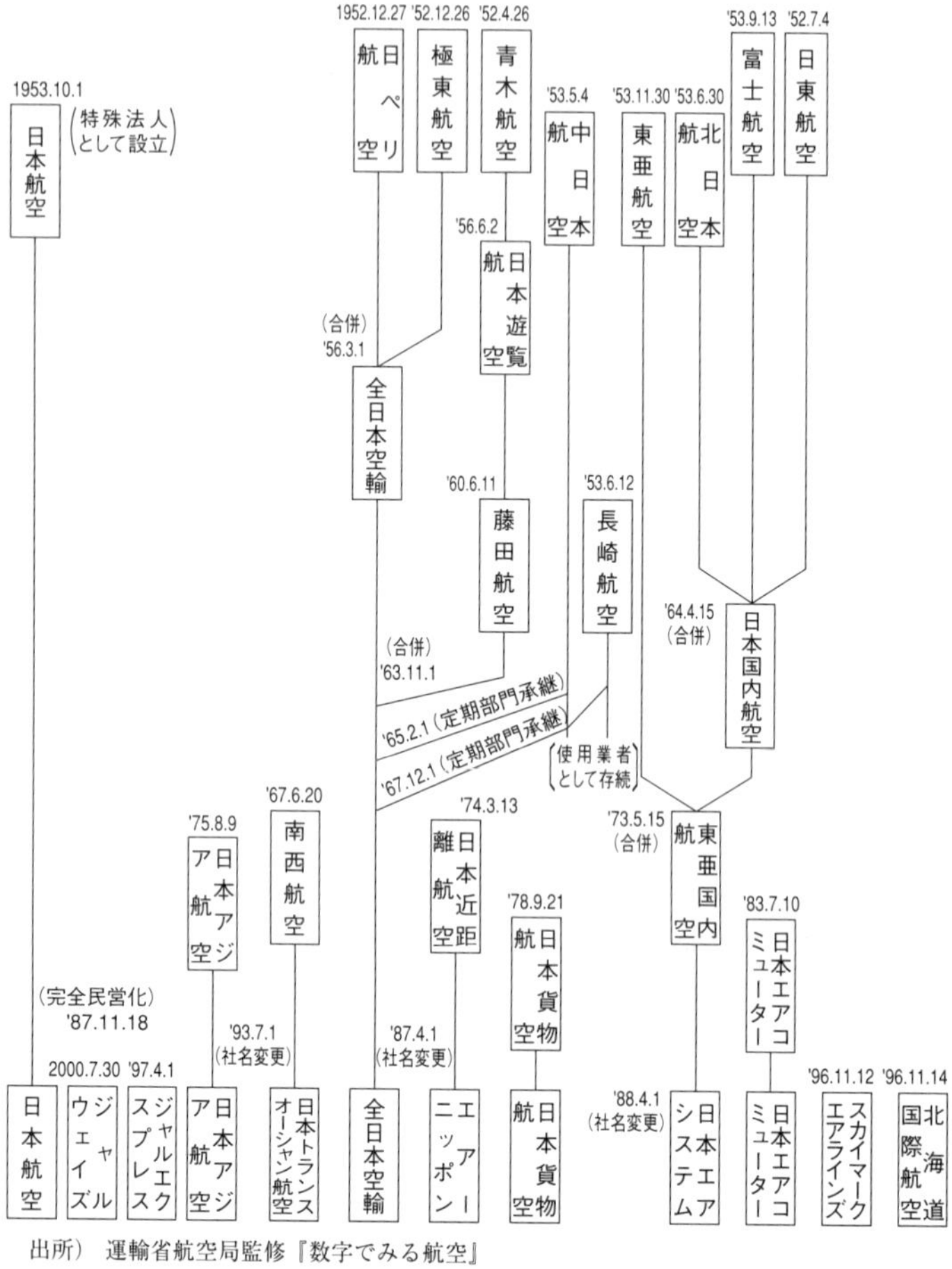

出所）　運輸省航空局監修『数字でみる航空』

図 4–1　定期航空運送事業社の歩み

至る航空大手三社体制が確立したのである（図4－1）。

2　航空憲法の樹立

昭和四〇年代に入ると、日本の経済成長に伴って、航空需要も大幅な伸びを示すようになる。これを機に、各社間で事業区分を固定し、収益を安定化させることによって航空機のジェット化、大型化の推進、安全性の確保をはかり、航空産業の国際競争力の向上をはかろうとした。

これが政策として体現されたのが、いわゆる航空憲法の制定である。

一九七〇（昭和四五）年六月、運輸省は、「今後の航空輸送の進展に即応した航空政策の基本方針」について運輸政策審議会に諮問、その答申が同年一〇月に出された。この結果、同年一一月に「航空企業の運営体制について」という閣議了解がなされ、これを受けて一九七二（昭和四七）年七月に運輸大臣による示達が行われた。この閣議了解と運輸大臣の示達をもって四五・四七体制とし、これを通称、航空憲法と呼ぶようになったのである。

これによって、各航空会社の事業分野の調整・確定が行われ、内部補助による経営の安定が図られる。具体的には、①日本航空は国際線定期航空を一元的に運営する、②日本航空と全日空は国内幹線を運営する、③全日空と東亜国内航空は国内ローカル線を運営する、④全日空は近距離国際チャーター便を運航する、といったものであった。この政策によって、集約化による経営の安定、内部補助による路線網の拡大と利用者の増大につながっていった。また、機材の大型化によって輸送力が向上され、運送コストが低減し、航空運賃は実質値で低下の傾向を示した。

3　第一次規制緩和の波

一九八〇年代に入ると、産業の成熟に伴い、厳格な規制の必要性がなくなったという見方が広がってきた。この背景には、七〇年代後半からアメリカで始まった大胆な自由化政策の影響があった。

さらに航空会社側にも、規制を足かせと感じ、自由化を求める動きが高まってきた。そこで、一九八五年九月、運輸大臣は運輸政策審議会に「わが国航空企業の運営体制のあり方に関する基本方針」を諮問し、同審議会は八五年一二月に中間答申を出し、八六年に最終答申を提出した。この答申の趣旨を受けて八五年一二月、閣議によって四五・四七体制が廃止されることになった。これにより、国際線の複数社体制への移行、国際線の競争促進、日本航空の完全民営化を軸とする新しい航空政策へと転換が図られる。

4　第二次規制緩和への流れ

しかし、航空憲法の廃止はただちに実質的な競争促進政策に結びついたわけではなかった。本格的な競争促進政策が検討されるようになったのは、バブル経済の崩壊によって日本経済の国際的地位が低下し、国全体の国際的な産業競争力が問われるようになってからである。

一九九四年六月、航空審議会は、航空企業の競争力向上のために航空企業、および行政の双方がとるべき方策を提言した「わが国航空企業の競争力向上のための方策について」を提出した。これを起点として、今日に至る本格的な規制緩和政策への転換が進められていく。たとえば、九六年四月には、国内航空路線に複数の航空会社の参入を認める基準を緩和した(2)。

5　運賃制度の変容

しかし、市場により大きな変化をもたらしたものは、国内運賃制度の改革であった。

航空運賃の設定に関しては、それまで旧航空法第一〇五条において運輸大臣の認可を受けなければならないと規定されていた。これが、競争原理を導入すべく、全面的に改定されるようになったのである。つまり、一九九六年六月からの幅運賃制度の導入である。

幅運賃制度は、もともとは「標準原価」と名づけた上限運賃を超えなければ、各社が自由に値段を設定できるというものを想定していた。しかし、この制度の施行によって過当競争が起これば、安全性の確保や地方路線の維持に支障を及ぼす恐れがあるとの配慮から、複数社が運航する路線については運賃設定の下限を標準原価の最大二五％引きまでとした。このような幅を設けた運賃制度は世界でも初めての試みであった。

しかしながら、実際に制度が施行されてみると、当初の予想を裏切って実質値上げとなった。また、この制度の導入と同時に往復割引運賃が廃止されたため、利用者の負担感は一層高まった。航空依存度の高い札幌、福岡などの地方拠点都市では、地方経済に与える影響が深刻であるとして、航空三社に対して値上げの撤退を強く迫った。とくに北海道の場合は、福岡の場合と違って、東京への移動手段として航空に圧倒的に依存しているため、その危機意識はいやおうなく高まった。この危機意識が地元で航空会社をもとうという運動につながっていった。

6　新規航空会社の誕生

一九九七年になると、九八年度に東京羽田空港の新C滑走路が供用開始されるのに伴って発着枠が増加するのを見込んで、新規参入の動きが活発化した。それまでも、法律上は新規参入はいつでも可能ではあったが、後にみるように数々の大きな参入障壁があり、一顧だにされてこなかったのである。それが、ここにきて一挙に、その参入障壁が解消される見込みが出てきたのである。

いくつかの会社が新規参入に名乗りをあげたが、この状況の変化を活かして、最終的に新規参入を果たしたのは、旅行会社HISが主体となって設立したスカイマークエアラインズと、北海道の地元会社の色合いが濃い北海道国際航空（エア・ドゥ）である。前者は一九九八年九月に東京―福岡線を、後者は同年一二月に東京―千歳線を就航させた。定期運航への新規参入はじつに三五年ぶりのこととなった。これによって、両路線の運賃は大幅に引き下げられ、消費者利益は高まった。しかしその一方で、幹線で失われた収益を補うために他の路線が値上げされたり、新規参入組のその後の経営が思わしくないなど、さまざまな問題も顕在化してきている。

7 新規参入を可能とした状況の変化

それでは、どのようにして三五年ぶりとなる定期運航への新規参入が可能となったのかをみてみよう。

一九九八年までの三五年間、日本の航空市場への新規参入を抑えてきた要因としては空港の発着枠、機体整備の問題、航空事業のノウハウ、情報化投資といった問題があげられる。

(1) 羽田空港の発着枠の供給制約

国内線においては、東京・羽田空港の発着枠に余裕がなくなったことが新規参入を阻害する一因になった。国内路線の場合、利用客が多い羽田を一端とする路線を開設できるかどうかが航空会社の採算を大きく左右する。羽田空港の発着枠を一つでも多く獲得することは、従来型の航空経営の発想からみれば、航空会社が生き残りをはかるうえで至上命題になる(3)。だが、発着枠の配分基準は従来、非常に不透明だった。最近になってようやく、配分基準に関する見直しが本格的に始まり、航空会社は関係官庁とともに、欧米の事例を参考にして配分のためのルールづくりを模索している(4)。

羽田空港の新滑走路の使用開始に伴う一九九八年度の新規発着枠の配分では、運輸省は初めて、新たに参入する航空会社用に六枠の配分を認めた。これで新規に参入する航空会社でも、有望路線で事業を始められる可能性が生まれた。これによって、新規の発着枠の獲得を巡り、新規航空会社間でも事業免許取得の競争が過熱した。

しかし、最終的に新規参入会社に振り分けられたのは一社当たり三枠（三往復分）であり、採算性を確保するには不十分なものであった。今後も羽田空港を経営戦略の主軸として考えるかぎり、発着枠の供給制約は、当分のあいだ大きな参入障壁として機能することになるだろう。

(2) 航空事業のノウハウ

つぎに航空事業のノウハウについて考えてみよう。

まず、航空事業のノウハウの問題とはどのようなものであろうか。どのような事業でも特有の事業ノウハウが必要なのはいうまでもない。しかし、航空事業ではとくに独特のノウハウが重要視される。このことも長く新規参入を阻んできた一因となってきた。

航空事業は最先端の技術を駆使しながら、安全を確保するという高度なノウハウが必要とされる。さらに在庫が不可能な空間財（飛行機が出発してしまえば、その時点で空いている席の価値はまったくのゼロとなってしまう）を商品とする特殊性のため、厳密な予約管理システムや座席販売の方法を追求しなければならないという事情もある。

これまでは、航空産業は相対的に待遇面で恵まれていたため、いったん大手航空会社に勤めてしまえば、そこから離れて新たなビジネスに取り組もうという気にはならなかったのが実情であった。本来、日本にはベンチャー精神というものが根づいていなかったという社会的事情もあった。

ところが、バブル経済の崩壊で既存の航空会社が人員削減を含む合理化を進めたことで、航空事業のさまざまなノウハウをもった人材を比較的低い賃金で確保できるようになった。既存の航空会社はこれを妨害するどころか、新規航空会社への従業員の再就職先を促した。

(3) 経営資源の外注化

新規参入に対する事業免許交付の審査過程において、運輸省は、競争政策の一環として制度を改正し、整備や運行など、投資負担の大きい業務について他社への委託を可能にしたことも新規航空会社の設立を後押しした。自前の整備では人材確保や専用の設備建設などに膨大な投資が必要になる。この投資負担を免れさせたことは、新規参入にとって非常に大きな意味をもった。ただし、問題も残っている。(5)

また、「契約スチュワーデス制」の導入も新規航空会社には追い風となった。

(4) 情報化におけるコスト削減

航空市場の環境を変え、新規参入を実現させたもう一つの大きな要因が情報化の進展である。インターネットの急速な普及を始めとする情報機器や、システムの飛躍的な発達と航空産業の関係を論じよう。

先にも触れたように、航空会社の商品は在庫のきかない空間財であり、これを厳密に管理するための情報技術の高さが、企業の一つの競争力を形成する。

かつては世界最高の航空会社ともいわれたアメリカのパン・アメリカン航空が没落した大きな要因の一つとして、同社が国際線主体で、予約管理システムの構築で出遅れたことがあげられる。

世界の航空市場では、自由化政策の導入以来、一部の大手航空会社を軸にネットワーク競争と呼ばれる提携合戦が激しく繰り広げられてきた。その中心となったのがアメリカのアメリカン航空とユナイテッド航空である。両社はいずれも国内線の航空会社として発足したが、国際線より便数の多い国内線を円滑に運航するためには高度な予約管理システムの構築が急務だった。そのため、早くからCRS（コンピュータによる予約システム）の開発を進め、それぞれセーバー、アポロという名の巨大なCRSを完成させた。両社はこれで市場での優位を確立した。会社ごとの情報化の格差こそが航空市場の寡占化を進めた最大の要因であった。

ところが、インターネットの一般への急速な普及が既存の情報化格差を一気に縮める可能性を高めたCRSの構築には膨大な資金と時間が必要であるが、インターネットを利用すればこうした投資は不要になる。航空会社は直接利用客と結ばれ、これまで両者を仲介していた旅行会社に支払っていたチケット販売の手数料を始めとする販売管理費を大幅に削減することができるようになった。(6)

8　その他の競争要件

航空機の座席という空間財を管理するには予約のノウハウが重要である。業界用語で予約管理のことをイールドマネジメントという。一九七〇年代のアメリカの航空会社ではすでにイールドマネジメントを高度に運用していた。同じ航空便の同一クラスの座席でも二〇種類以上の運賃体系が存在するというようなことが実際にあった。

しかし、利用便の変更や他社の航空機への乗換えを禁止するといったさまざまな制約が厳しくなるほど運賃は安くなったが、運賃ごとにどれだけの数の座席を供給できるかといった情報がうまく利用客に伝わらなかったことが問題になった。航空会社はもっとも安い運賃を宣伝することで利用客を引きつけようとしたが、利用客は「そんなに安い運賃はごくわずかで、実際にはもっと高い運賃を要求されるのでは」という不信感を募らせた。

こうした状況は今日でも残っている。航空会社は、「空席数は予約によって常に増減するので、運賃ごとに用意できる座席数を公表するのは難しい」と反論するが、利用客がきちんと理解しているか疑わしい。利用客の不信感は健全な市場を育成するうえでの障害にもなりうる。

最近の営業戦略で注目を集めるのがマイレージバンクである。搭乗した距離に応じて無料航空券の提供などの特典を与えることで、自社便の利用者を囲い込む戦略である。アメリカの航空会社は早くから導入していた。日本では景品に関する法律の規制で高額航空券を提供できずに本格導入が遅れたが、近年、この規制が緩和されたことで、航空会社間の「マイレージ競争」が激化した。

航空会社は航空路線の利用距離だけでなく旅行中の国際電話の通話料やクレジットカードの利用高なども マイレージに組み入れる例も増えてきた。ただ、マイレージ競争は既存大手航空会社のほうが新規参入の小規模会社より有利である。マイレージは特典として提供される航空券の行き先が多様であるほど魅力をもつが、既存大手航空会社のほうが対象の路線や便数が多く、利用距離を伸ばしやすいという利点があるからである。

マイレージバンクによる利用客の獲得合戦は政府の競争政策が具体的な成果を伴った好例とされうるが、将来はかえって航空会社の経営を圧迫しかねないとの懸念もある。(7) 競争を理由に安易に無料航空券を提供する航空会社もあり、この懸念が現実となる可能性は否定できない。

9　地方路線の維持・運営の問題

これまでの検証で政府の競争政策に基づく規制緩和と、市場をとりまく環境の変化は、新規参入の航空会社にとって大いに有利に働いたことがわかったが、新規参入に関する課題が完全に払拭されていないことも明瞭となったことと思われる。そして、新規参入の航空会社に対する既存大手航空会社の巻き返しが起こり、その結果、不採算な地方路線の切り捨てが進むという社会問題をも一方で生み出すことになった。

この点で、今度は既存大手航空会社の経営にとって足かせとなっている大きな要因の一つとして、公共交通機関としての役割を期待されている不採算の地方路線の維持がある。

従来から日本の航空政策の基本とされてきたのは、既存大手航空会社に採算がとれる人気路線を安定的に運航させることによって収益を確保させ、代わりにもうけが少ない地方路線の運航を続けてもらう「抱き合わせ方式」であった。地方路線の維持には、その地方出身の有力政治家が影響力を行使する例も多く、経営に重荷だとわかっていてもなかなか拒否できないという実情があった。

ところが、新たな航空会社の新規参入があいつぐと、既存大手航空会社に保証されていたはずの人気路線での収益確保が難しくなる。新規の航空会社はいずれも東京―札幌のような高収益が見込める人気路線への参入を目指し、競争激化の結果として運賃の引下げ競争が始まる。そこで、既存大手航空会社も不可避の課題として不採算路線の見直しを進めていくことになるのである。

実際、一九九八年度の航空機の運航状況をみると、国内線の座席供給量は史上初めて前年度より減り、減便・運休に追い込まれた地方路線が多い。

新幹線を始めとするほかの代替高速交通機関が存在する地域ならば問題は小さいが、今後の航空会社の合理化の対象は利用客がきわめて少ない離島路線にも及ぶ可能性がある。こうした地域では生活必需品の確保などに航空機は欠かせず、住民が新たな不満を強めるのは必至である(8)。

欧米諸国ではこうした場合、国や地方自治体が補助金を出し、地方路線の運営を支えている(9)。日本でもこうした例に倣い、住民生活に欠かせない路線と競争に任せるべき路線を分け、競争政策の受益者が一部の国民に偏る事態を避けるべきだろう。

（1）規制緩和を英語で表現すれば Deregulation（規制撤廃）である。De という接頭語は基本的に打ち消しの意味を表わすことからいえば、この語の本来の意味は「規制撤廃」ということになる。実際、こうした政策の先進国である欧米諸国は、基本的に規制の「撤廃」を目指している。しかし、この考えを日本に導入するにあたって、「緩和」という表現を使い、簡単には規制を撤廃しないという姿勢を示したところに、日本の行政の特異性をみることができよう。

（2）それまでは、年間需要が四〇万人以上で二社運航、七〇万人以上で三社運航が認められていたが、これがそれぞれ二〇万人、二五万人に引き下げられた。この基準は、第五章で詳しくみるように、二〇〇〇年の航空法の改正によって廃止された。

（3）もちろん、経営のやり方次第ではローカル線を主体とした路線構成でも十分に採算性を維持していくことは可能である。実際に名古屋をホーム・ベースとする中日本航空は、ローカル路線を積極的に展開しながら、優良な企業運営を成し遂げている。また、二〇〇〇年度内の操業開始を目指しているフェアリンクも、ローカル線を主体とした路線構築を計画している。しかし、とくに日本の場合には、多元的な意味での東京への一極集中という現実があるため、ローカル線の採算性は、他国におけるよりも困難さを増しているということもできよう。

（4）もっともわかりやすい配分の仕方は競争入札であるが、これに対しては経済的に余力のある大会社をさらに大きくするだけだという批判がある。また、現実的にも既得権益化した発着枠をどうやって最初から配分し直すのか、部分的な競争入札であっても、日本の場合、寡占構造のなかで相互の事前調整を招くことなく実質的な競争入札を行うことができるかどうか問題があり、実現は難しい。これに対して現在検討されているのが評価方式である。これは、定時運航率など、航空経営にかかわる項目をいくつか選定し、それぞれにウエイトづけを行ったうえで点数化し、その高得点順に発着枠を配分しようというものである。しかし、これも果たしてどのような項目をどのようなウエイトづけのもとに採用するのかを客観的に決めることが困難であり、実現性に乏しい。さらに問題なのは、運輸省が地方路線を運航することを条件の一つとして高くウエイトづけようとしていることである。これは、後にも検討されているように、一方で航空会社に効率性を追求させながら、現存の地方路線運営にかかわる問題に抜本的な改革を加えることなく、民間会社である航空会社に公共路線の維持をまかせるという点において、問題がある。

（5）業務を外部に委託することは、新規参入会社にとっては諸刃の剣でもあった。日本の現状では、整備を委託する相手は既存大手航空会社に限られる。そうなると、委託料の引き上げ、あるいは委託そのものの拒否によって、大手航空会社は新規参入会社の生命線を抑えることができるのである。また、根本的な問題として、整備は航空会社にとっては安全という最大の品質を保証するためのもっとも重要な基幹部門であり、いつまでも外注化するということは問題が残るということがある。

（6）とはいえ、インターネットで完全に従来の販売体制を覆してしまえるかというと、事態はそれほど単純ではない。この当たりの事情、つまり旅行代理店のもつ販売能力を軽視した結果、新規参入会社はいずれも苦戦を強いられることになる。さらには、既存航空会社にとっても、インターネットの普及は競争力の向上につながっていることにも注目しなければならない。

（7）いったんこうしたシステムを導入すれば、将来いずれかの時点で無料でこの制度の利用者を搭乗させなければならない。このことは、将来における有料座席を現在において販売促進に使っているという意味で「需要の先食い」といわれる。

（8）現に八丈島では、収益が上がっているのに運賃が値上げされるという事態が住民の反発を引き起こしている。

（9）こうした制度をエッセンシャル・エア・サービス（ＥＡＳ）という。

第5章　航空法改正の意味とその影響

二〇〇〇年二月一日に航空法の改正が施行された。その内容は、一九五二年の同法成立以来もっとも大きな改定となっている。

改定の領域は大きく四つの項目に分かれている。運賃、路線開設、整備、そして運航である。以下では各項目別にどのような改正が行われたのかを解説し、その市場への影響についても合わせて言及することとする。

1　運賃届出制への変更

従来、各航空会社は、国内運賃を設定・変更することについて、運輸省の認可を受けなければならなかった。これは、過当競争を防ぎ、航空会社に経営の安定を保障するなかで、資本の充実と安全面への配慮を徹底させるためであった。しかし、今回の改正により、事前に届け出さえすれば、自動的に認められるようになったのである（第一〇五条）。また、これまでは、幅運賃制度下で、各路線ごとに標準原価というものが設定され、それを上限として二五％まで下回って運賃を決めることができるというように、下限値が決められていた。この標準原価というのは、運輸省が国内航空各社から各路線ごとに費用に関する資料を提出させ、それを回帰分析して費用と路線の関係を曲線で導いたものである。この標準原価曲線による料金設定に関しては、計算根拠となる航空会社の提出する資料がどこまで合理的なものなのか、無駄はないのかといった問題があった。また、航空機の場合、路線の距離が長ければ長いほど費用効率がよいという特性がある。すなわち、一回のフライトにおいてもっともコストがかかるのが離発着時なのである。したがって、全行程に対する離発着の割合が少なければ少ないほど、経営的には効率がよいことになる。こうした特性を考慮に入れれば、距離と費用の関係を鉄道の場合と同様にとらえてよいのかという問題も出てきた(1)。

事前届出制による幅運賃制度の撤廃により、割引率も自由化の方向に向かうことになった。幅運賃制度のもとでは、割引率は、普通運賃の五〇%までと制限されていた。こうした規制がいっさい取り払われ、航空会社はアメリカ並みに自由に運賃設定できるようになった。ただし、アメリカの場合とまったく同じというわけではない。むしろヨーロッパの制度を踏襲しているとみたほうが正しい。それは、運輸省に改善命令を出す余地が残されているからである。

ＥＵ（ヨーロッパ連合）では一九九三年から大幅な航空自由化政策が実施され、九七年からは、さらに進んだ段階となっている。しかし、ＥＵの自由化政策では、運賃設定においてつぎのようなセーフガード条項が付与されている。

①　当該路線の運賃体系や競争環境等を勘案した上で、航空会社が長期的に十分な収益をあげることを前提に過度に低く設定した運賃を却下することができる。

②　通常の季節変動から著しく逸脱した継続的な運賃引き下げが発生し、当該路線を運航する航空会社が長期的においても当該路線での赤字を拡大させかねない場合に、運賃引き下げの進行を差し止めることができる。

このうち、②は、競争の行き過ぎが航空会社の経営を過度に圧迫するような事態になると、安全性への配慮が軽視されるようになり、事故の発生につながるのを懸念するものである。また、この過当競争の帰結については、日本の場合、地方路線の切り捨てという事態にもつながってくる。現在の日本の国内航空網の運営は、大手航空会社の経営努力にほとんどのところ委ねられている。そして、その最大の課題となっているのが、地方ローカル線、いわゆる生活路線の維持・運営である。生活路線と呼ばれる地方の人びとにとって欠かせない路線のほとんどは、たいていビジネス需要や観光需要を伴わないために採算がとれず、恒常的に赤字体質となっている。とはいえ、こうした路線がないとその地域の人びとは大変な不便を被るし、このような路線を廃止するといえば、大きな政治問題となる。アメリカやイギリス、そしてフランスの場合には、こうした採算の合わない、それでいて生活上必要な航空路線については公的資金で支える制度がある。しかし、日本の場合にはこうした制度は未整備であり（せいぜい離島航空法があるくらいである）、航空に伴う権利意識は弱い。そのため、こうしたローカル路線の運営は、もっぱら大手航空会社の内部補助体制に委ねられている。内部補助体制とは、儲かっている路線の収益で儲からない路線の費用を補うことをいう。しかし、運賃競争が激しくなれば、こうした余裕もどんどんなくなってくるだろう。新規参入もあり、これまで収益性の高かった優良路線（たとえば東京―福岡線や大阪―札幌線など）が、競争によってどんどん収益性が下がってきているからだ。

①に関しては、国際貿易でのダンピング戦略と同じように考えることができる。つまり、当初は不当に低い値段で市場を抑えてしまい、相手企業が耐え切れなくなって市場から撤退し、独占化してから値段を吊り上げていくという手法である。もし、こうした事態が現実のものとなれば、消費者は短期的に低価格の利益を得たとしても、長期的には大きな不利益を被ることになるだろう。そうした怖さを、事前届出制による運賃設定の自由化はもっている。

つぎに、この改正に伴って、各航空会社は実際にどのような新運賃を打ち出してきたのかをみてみよう。まず、基本となる普通運賃についてであるが、各社とも約一五%の値上げとなった。往復運賃も同じように新設された。これをみると、これまで同様横並びで、様子見的なものであることは否めない。ここで少し考えておかなければならないのは普通運賃のもつ意味である。これだけ割引運賃が多様に存在するなかで普通運賃など、もはや必要ないのではないかと思うのも自然であろう。しかし、各種の運賃を設定するうえで基本となるのは普通運賃であり、予約変更など融通がきくのも普通運賃くらいである。そのため、普通運賃の動向はもっと注目されなければならない。

特割にしろ何にしろ、割引運賃の普及によって額面としての航空運賃の平均水準が下がったことは確かである。しかし、二つの意味で、こうした割引運賃の多様化は、現実の運用において新たな負担をもたらす。第一に、消費者にとっては、どれがもっとも自分にとって都合がいいのかを探す手間が増えることである。こうした手間のことを経済学の世界では「検索コスト」という。情報が増えすぎることによって、どれが自分にとって望ましい情報なのかを探し出すのにかかる時間、あるいは検索、紹介にかかる費用がばかにならない。航空運賃に限らず、運賃のあり方でもっとも望ましいことはわかりやすいこと、シンプルなことである。スカイマークエアラインズやエア・ドゥといった新規航空会社は、このわかりやすさ、シンプルさを第一義において当初の価格政策を行った。しかし、スカイマークは今回の改正に伴って、「ごほーし21」といった早割を導入するし、エア・ドゥも季節運賃を採用することになった。消費者にどのようにスムーズに情報が行き渡るか、この問題がうまく解決されなければ、消費者間で有利な情報を得ることができる人とそうでない人のあいだで不公平が生じる可能性がある。まだ、誰もがインターネットを使えるわけでもなく、インターネットなどを通じて情報を探す時間的な余裕がある人ばかりとはいえないのである。

このことは航空会社側の負担となっても現われる。航空会社で実際に消費者からの問い合わせに応じるのは若い派遣社員が主流となっている。そうした人たちが、こうした多様かつ頻繁に変化する情報をフォローアップしていくのは相当な負担である。また、そのときどきの制度変更に伴う情報更新費用も無視できない。

しかし、普通運賃では横並びの状況にある一方で、各社が独自の運賃政策をとろうとしていることも確かである。全日空は国内線ならどこでも片道一万円で行けるというバーゲン型の運賃（超割）を、期間限定ではあるものの提示してきた。日本航空は、同様に期間限定ではあるが、インターネット経由で予約したものは、約二五％を割り引くというインターネット割引運賃を新設した。どちらも非常に好評であり、予約は順調である。とくに全日空の場合は、超割の国内全線の予約が前年同期の八倍にまでなっている。斬新が好感を呼び、全日空のイメージ向上に結びつくだろう。しかし、各便を全座席統一でこのように破格の値下げをしたことは、今後の経営に負担としてのしかかってくるかもしれない(2)。また、日本航空の戦略は、コスト削減を推進しなければならないなかで、販売コストとして大きな比重を占めてきた旅行代理店への販売手数料を削減していくことを主な目的としている。航空会社から旅行会社に対して支払われる販売促進費、すなわち営業協力に対する報奨金は膨大な額に上る。これまで、この部分の改革についてはある種の聖域としてきたところがあった。ここに改革の手を本格的につけるとなれば、旅行会社にとっては死活問題となり、相当な反発が予想される。欧米の場合も同様の動きが起こっているが、旅行会社への販売依存という点では、日本は欧米とはまったく違った状況にある(3)。すでに日本航空のインターネット割引に対しては、旅行業界から同様の措置を旅行会社を通した場合にも適用してほしいという要望が出されている。今後、旅行業の大幅再編に結びついていくのか、あるいは航空会社側の譲歩に収まるのか、注目すべきところである。

三社のなかで少し特異なのは日本エア（ＪＡＳ）である。同社では、両親の介護目的で帰省する乗客に対して最大約三七％の割引を行うという介護帰省割引を導入した。これは高齢化社会の到来をにらんだものであろう。こうした社会の要請に応えるかたちで運賃設定の自由化が寄与していくならば、その社会的利益も大きく高まってくる。このほか、事前購入割引についての対応でも、三社間で相違がみられる。

今後の国内運賃の動向については、当初の動きは華々しいものがあるとはいえ、なかなか低価格化は持続しないだろう。それは、まず第一にこれまでの寡占構造が根本的には変化していないこと、そしてより現実的な問題として現在の航空会社は空港整備特別会計への負担(4)など、税金など自らの努力ではどうしようもない負担を政府からかけられており、リストラもそろそろ限界となっているということがあるからである(5)。

2　需給調整規制の廃止

つぎに需給調整の廃止についてみてみることにしよう。

従来、航空会社は、新たな定期路線を運航しようとする場合には、路線ごとに運輸大臣の免許を受けなければならなかった。しかし、今回の改正では、その制度は撤廃され、事業全体に対する免許制となった。その結果、路線ごとに免許の申請をする必要はなくなったのである（第一〇〇条）。

このように、航空会社にとって路線選択の自由が増大することは、会社の創意工夫をこらした事業戦略の展開を可能にする。それは言い換えれば、企業は経営に対する自己責任を明確に背負わせられることになり、もはや規制のための言い訳ができないことになる。

しかし、路線選択が自由になったからといって、それが即、今述べたような各社の自主的な事業展開につながるわけではない。なぜならば、基幹空港、とくに羽田空港の発着枠が厳しい供給制約の状況にあるからである。航空会社にとっては東京を起点、あるいは終点とする路線を設けることが一番収益性が見込める。年間を通じて安定した需要があるからだ。旅行需要のように季節に左右されることのない、安定したビジネス需要を確保できる路線は東京線だけなのである。

羽田空港の発着枠は、今後も空港の運用方法の変更と新滑走路の拡充により、増枠されていく予定である。しかし、当分のあいだは、各社の需要を完全に満たすほど十分な量ではなく、その配分のあり方も、現在、運輸省の諮問委員会で議論が重ねられているけれども、なかなか誰もが納得できるような結論には至りそうにない、難しい問題となっている。

一方、一般社会に与える影響としては、運賃問題ともかかわってくるところだが、不採算路線である地方路線の切り捨てが加速される可能性があげられる。こうした傾向は九八年頃からみられたことであるが、(6)これまでは運輸省の指導や世論もあり、歯止めが掛かってきた。しかし、運賃の自由化によって仮に本格的な競争状態が本当に現出するならば、各社は死活問題として、路線の採算性を必死の覚悟で追求するようになるだろう。

このさい考慮しなければならないのは、現存の体制による地方路線の維持・運営は、大手航空三社の路線間の内部補助体制によっている部分が大きいということである。つまり、東京―福岡など、収益性の高い路線の収益で、赤字路線の経費の穴埋めをしてきたのである。もちろん、今後のリストラで経営手法が効率化されれば、地方路線も収益性の高いものへと転化していく可能性もある。しかし、運賃設定の自由化によって、新規航空会社を始めとした幹線における運賃攻勢が激しくなれば、現在のような内部補助体制は維持できなくなっていく可能性が高い。

3　整備に関する法改正

航空会社が業務形態を多様化させている現状に対応するため、航空機の運航・整備に関する業務の受委託については、運輸大臣の認可を受けなければならなくなった（第一一三条）。これは、アメリカで規制緩和後、激しいコスト競争に対処していくため、安い整備会社にどんどん業務の委託化を進めていった結果、整備の品質が大幅に低下し、事故の多発につながったという経緯を踏まえての措置である。

また、今回の改正では、整備にかかわる資格の見直し、再編が行われた。

まず、「航空運航整備士」という新たな資格が設けられた（第二四条）。これは、航空機の技術的進歩、信頼性の向上によって、整備の業務も保守を中心とするものに変わってきたことに対応したものである。具体的には、航空運航整備士は、保守と軽微な修理に対して、その作業が行われた後の確認を行うことができる。[7]

つぎに、これまで航空機の最大離陸重量に基づいて一等、二等、三等として分類されてきた航空整備士の資格を、「耐空類別」という用途別の分類に応じて一等、二等に再編した。[8] これは、章末のインタビューのなかで触れられているように、実際の整備作業は機材の用途別に分けたほうが、その作業の類似性が高く、現実に即した分類になるからである。

これらの改正は、主として、整備をとりまく実情の変化に、法が後追い的に対応したものと考えられるが、運航整備士制度の新設には、インタビューで示されているように、新たな整備体制の創造という意味合いも込められている。

しかし、最終確認ができないのであれば、独立したステーションに航空運航整備士を配置することはできず、運用の創造性といっても、それはかなり限定されたものとなるように考えられる。また、現在では航空機の構造も非常に複雑化しており、一人で最終チェックをすること自体が非常に困難な状況になってきたという現場サイドでの声がある。したがって、最終チェック自体のあり方を再検討することも、これからの急務として残されている。

4　運航に関する法改正

最後に、運航に直接かかわる航空法の改正事項について取り上げてみたい。総括的にいえば、以下に述べる変更は、いずれも国際標準化の流れにそった改正であると理解して差し支えない。

まず、大きな変更として、国内線、国際線を問わず、機長の路線ごとの免許制が撤廃されたことがある（第七二条）。従来、機長は、操縦を担当するにあたっては、当該路線ごとに免許を受ける必要があった。これは、各空港ごとに運航条件にかなりの違いがあり、その路線のもつ特性に習熟していることが安全性を確保するうえで重要なことであると考えられていたからである。しかしながら、近年、「飛行場における航空保安施設、飛行方式等の標準化、航空路における無線標識等の整備、機上航法装置の性能向上等により、航空機の運航が標準化され、飛行場や路線毎の特性の差異は少なくなってきている」[9]との判断から、今回の改正につながったわけである。この結果、機長は、機長としての資格を十分にあわせもつと判断されれば[10]、どの路線でも基本的には自由に担当することができるようになった。

これまでパイロットにかかるさまざまな負担が、会社の労使関係にまで影響をもたらし、地上職との意思疎通の不備が精神面において助長され、事故につながる危険性が指摘されてきた。路線ごとの認定は、路線への習熟度という点でまったく不必要だとまではいいきれないが、社内のＯＪＴ（On-the-Job Training：職場内訓練）によって補完されるべきという指導もあり、問題はないだろう。こうした負担の軽減は、パイロットに精神的な余裕をもたらし、実質的な安全確保に向けた側面援助として評価されるものだと思われる。

これに関連して、運航管理者（ディスパッチャー）についての資格要件も変更されている。この変更は、主として定期運航、不定期運航の区分廃止に基づくものである。この意味では、従来不定期運航として位置づけられてきた路線などで、一部資格制限の強化になるところも出てくる。ただし、資格年齢が従来二三歳以上とされていたのが、今回二一歳まで引き下げられたことは、全般的にその枠が広げられたものとして規制緩和ととらえることができるだろう。

つぎに機器の装備義務である。

対地接近警報装置（ＧＰＷＳ）を始めとして、運航の安全向上に効果の大きいと考えられる各種機器については、国際的に装備が義務化されている。こうした流れを受け、今回、わが国でも、安全に資すると考えられる機器の装備義務を明文化したのである。(11)

最後に、安全確保の強化策として、重大インシデントの報告の義務化がある（第七六条および航空法施行規則第一六五条の２と３）。つまり、重大事故が生じた場合の報告義務の対象を広げ、安全面での情報管理体制の強化をはかっている。ここでいう重大インシデントとは、「事故に至らないものの、航空機の運航の安全に影響する事態または影響するおそれの大きい事態」のことをいう。[12] こうした重大インシデントの発生の原因を早期に解明することによって、事故の発生を未然に防止しようというのが狙いである。運輸省はこうした報告を受け、「重大インシデント調査報告書」を作成し、一般にも配布したり[13]、インターネットを通じて情報発信している。これによって、公的に安全管理に向けた知識の集積が促進され、消費者にとっても、どの航空会社が安全かという情報に容易に接することができるようになる。「安全」というものの市場評価が可能となるような条件整備がようやく整いつつある。

（1）もともと標準原価という考え方は、鉄道の運賃決定方式を航空にも当てはめてみようという考え方に基づいている。
（2）欧米の場合、こうしたバーゲニング戦略は一部の座席に限って行う。すなわち、宣伝効果を主として実施するのが普通である。
（3）日本のほうがはるかに高い。
（4）日本の航空会社の場合、営業費用に占める公租公課の割合は一四%に上っている。同世界平均が七%、アメリカでの平均が三%であることに比べれば、この公租公課の部分が国際競争上、日本の航空会社にとって大きな負担となっていることは事実である。この問題を解決するためには、現在の空港整備のあり方を根本から改革していくことが求められる。
（5）これ以上の運賃低下圧力は、アメリカの場合にみられたように、安全面への配慮の低下、事故の発生につながる危険性もある。
（6）この年、初めて国内線の総供給座席数が、対前年比で減少している。
（7）ここで整理しておきたいのは、整備士の本来的な役割は、整備作業が行われた後、その作業が確実に行われたかどうかについて最終的な責任を負うべく、確認を行うことだということである。整備作業自体を行うことに関しては、公的な資格は必要ではない。
（8）航空運航整備士についても同様に一等、二等に分かれている。
（9）一九九八年二月になされた第五〇回航空審議会答申より。
（10）ここでいう機長としての資格とは、一般的な管理能力のことをいう。
（11）今回の改正によって新たに装備が義務づけられたものを具体的にあげると、つぎのようなものである。対地接近警報装置、航空機衝突防止装置（ACAS）、飛行記録装置（FDR）、操縦室音声記録装置（CVR）。その他、前方警報機能付き対地接近警報装置（E-GPWS）、高度応答機能を有する航空交通管制用自動応答装置（モードCトランスポンダ）についても、今後、義務化を検討することになっている。
（12）具体的には国際民間航空条約附属書一三に事例が明示されている。たとえば、二〇〇〇年二月に羽田空港で起こった、まだ供用開始前である新しい滑走路に日本エアの飛行機が誤認着陸したようなものをさす。
（13）ただし、今は個別のリクエストに応じて配布するというかたちをとっている。

インタビュー１（整備に関する法改正）

回答者：運輸省航空局技術部乗員課補佐官：川上光男氏

Q：「航空運航整備士」という資格の新設は、規制緩和によって新規航空会社が新規参入したことによって整備士が足りなくなったことに応じた側面はないのか。

A：そのようなことは全くない。現在、航空整備士は十分足りており、現場で必要とされる人数を確保するためにこのような枠を設けたわけではない。この資格の新設は、あくまでも長期的な展望をもって臨んだものである。この資格が新設されたからといって、現在の整備の体制が急に大きく変化するとは思わない。そうではなく、これによって現場での整備体制に新たなバリエーションが加わり、新たな整備体制に可能性が開かれることを期待したものである。

Q：航空運航整備士の業務範囲は、「保守と軽微な修理」に限定されるとあるが、実際の整備作業では、軽微かどうかの判断はそれ以上の知識があって初めて可能ではないのか。そうであれば、修理の程度の判断については従来の航空整備士とのあいだでの区別はつけられないのではないか。

A：それはそのとおりだ。したがって、実際の整備を行う現場では、航空整備士と航空運航整備士が協力して作業にあたることになるだろう。

Q：とすれば、航空運航整備士は、航空整備士になるための一ステップと考えて良いのか。

A：それは違う。航空運航整備士はあくまでも独立した資格である。最終的に航空運航整備士になった後、航空整備士を目指す人も出てくるだろうが、基本的には航空運航整備士という資格そのものを目指す需要が存在するものと考える。

Q：航空整備士に関して、従来の最大離陸重量による分類から用途別に分けた背景にはどのような事情があるのか。

A：整備作業については用途別に分類したほうが、実際の整備作業の相似性にうまく対応したものとなるからだ。また、最近はダッシュ三〇〇とかダッシュ四〇〇とか、同じ機種であっても、その派生型が増えてきた。これは、同じ機種のなかで最大離陸重量、つまり搭載重量を増やそうという狙いから起こってきたことである。このような事態は、整備という観点からみれば同じシステムに属する機材でありながら、派生型によって離陸重量が少し増えたがために同じ整備士が扱えないという効率の悪さに結びついた。こうした事態を改革したいというのも狙いの一つにある。

Q：今回の改正は、どこか外国の制度を参考にしたのか。

A：いや、これはあくまでも日本独自の制度である。

Q：整備に関する資格制度は、国際的に統一的な指標というものは存在しないのか。

A：現時点では、各国によってまちまちなのが現状である。ちなみにアメリカは、航空会社の自己責任原則を貫くような体制となっている。

Q：現在、競争が激化するなかで、航空会社は少しでもコストを低減するために、整備もコストの安い外国の整備工場に委託するようになってきている。こうしたことが活発に行われるようになった今、海外での整備作業をどのように管理・監督していくかという問題が浮かび上がっている。安全性を確保するため、海外での整備作業における品質水準を一定に保つための方策は何か行われているのだろうか。

A：整備の組織としてのハーモナイゼーションが、各国間ではかられつつある。つまり、一定水準の整備が行われることが保証されるような整備システムをもったところを各国間で相互に承認し、そうしたところに対して委託を行うようにするということだ。ただし、整備士の資格制度自体の統一化については、各国ともあきらめているというのが現状だ。

Q：ということは、航空会社は完全に自由に海外の整備会社に対して委託することはできないということか。

A：ある意味ではそういうことになる。安全性の確保ということは大前提であり、海外での委託先が望ましい整備の作業水準を満たしているのかどうかという点については、契約が結ばれる前に、われわれも厳しくチェックしている。整備作業については、各航空会社の所属する国が第一義的な責任を負うことになっている。それゆえ、海外での整備事業であっても、日本の運輸省がこれについて監督することが要求されるのだ。また、普段もランプ・インスペクションとして、適宜、機内への立ち入り検査を実施している。

インタビュー２（運航に関する法改正）

回答者：運輸省航空局技術部運航課、湊孝一企画係長、森宏之補佐官、島津達行補佐官

Q：今回の改正で機長はその資格さえ認められれば、どの路線でも飛べるということになったようだが、標準化の方向に向かいつつあるとはいえ、依然として世界の空港には、かなり特殊な条件下にある空港があるように思われる。こうした現実から考えれば、路線ごとの免許を完全に撤廃するというのは、安全管理上問題が残るのではないか。

A：完全撤廃とはいっていない。飛行場特性を考慮し、一部の路線を運航するにあたっての能力審査体制は残している。ただ、制度的には、これまでのように、運輸省が個別具体的に機長を直接審査するというのではなく、各航空会社の内部管理に委ねるようにした。なぜなら、航空各社の能力は格段に向上して

おり、国の認証行為の効率化、受験者の利便の向上をはかるためには、こうした方向性が望ましいからである。この制度下では、機長の知識や経験の度合いに応じて各航空会社が各機長の路線担当の割当を行うということになり、その割当の基準が適切なものであり、明確化されているかということを運輸省が審査し、許可を与えるというかたちになる。こうした体制をシステム認証という。つまり、各社の運航管理体制全体を一つのシステムとし、それに対して是非の判断を運輸省が与えるのである。こうしたシステム認証はヨーロッパで進んでいる。審査にあたっての基準は、前記のように、当然運輸省が示すことになる。ただし、状況は絶えず変化しており、そのつど変化に応じた基準の見直しは、当然に行っていく。

Q：つぎに装備が義務づけられている機器の改正について質問したい。全体として、こうした改正の基本的なコンセプトはどのようなものなのか。

A：現時点での安全対策における国際標準に合わせるということだ。またそのなかでは、飛行記録装置など、最新の技術を導入するなかで記録すべき項目（パラメータ）の標準化をはかり、万一事故が起こった場合の原因究明をより迅速かつ正確なものにしようという狙いもある。

Q：こうした最新機器の据えつけを義務づけることは、航空会社の新たなコスト増となり、その経営を圧迫することになるのではないか。

A：そのようなことには決してならない。現状として、最近の航空機にはすでに今回義務化されたような装備はすでに備え付けられている。確かに経年機については新たにこうした機材を据えつける必要もでてくるだろうが、それほど大きな負担となるようなものではない。

Q：重大インシデントの報告義務についてお聞きしたい。この報告義務を怠った場合、誰が罰せられるのか。

A：この義務規定に関しては、罰則規程はない。あくまでも報告者側の自由意思によっている。しかし、安全性の向上に資するという目的からすれば、罰則規程がなくとも、機長や航空会社は積極的にこうした義務に服するものと考えられる。ちなみに重大事故の発生とニアミスの発生に関しては、報告義務とともに罰則の規定も設けられている。こうした報告の内容は、広く一般消費者にもホームページなどによって公開されている。今後航空規制の緩和が進んでいくなかで、消費者が安全な航空会社を選択するうえでの材料となることを期待している。

第6章　旅行産業の未来像

航空産業と深い関係にあるのが旅行産業である。従来はお互いの関係は、そのときの経済状況に強く影響されるものの、基本的にどちらかがどちらかをコントロールするといった縦の関係の色合いが強かった。しかし今後は、両者が対等なパートナーシップのもとに、創造的な事業展開をはかっていかなければならない。本章では、今後世界的にもますます重要な位置を占める観光産業、そしてその中心的役割を果たしている旅行産業のあり方について分析を進めていきたい。

1　再評価される旅行産業

フランシス・フクヤマは、そのベストセラーとなった『歴史の終わり』という本のなかでつぎのように述べている。人類の歴史はどのような政治体制がもっとも望ましいのかという闘いの歴史であった。しかし、一九八九年の旧ソ連邦の崩壊によって、この闘いには結論が出た。つまり、自由民主主義こそが最良の政治体制として最終的に採択されたのであり、今後は個人レベルでの差異化によって個々人は生きる価値を見出すのである。

実際、今のわれわれの生活スタイルをみれば、個人の生活の充実ということに多くの力点がおかれるようになってきている。これまでの歴史で主流となってきた、国家のため、会社のためという価値観が、ここにきて急速にその影響力を失ってきている。そうした流れを促進することとなったのが、先に触れたような社会主義国の崩壊と、日本の場合では、一九九〇年代初頭におけるバブル経済の崩壊である。

バブル経済の崩壊は、自由時間の増加をもたらした。労働者一人平均年間総労働時間の推移をみると、総実労働時間は一九九六年の段階で一九一九時間であり、前年より増加したとはいえ、六〇年当時と比べると五一三時間も減少している。

総理府広報室が一九九六年七月に行った「国民生活に関する世論調査」によると、「今後、生活のどのような面に力を入れたいと考えているか」という質問に対して、三六・六%の人が「レジャー・余暇生活」と答えており、二位の「住生活」以下を大きく引き離している。

実際、現代人の消費スタイルは、物から形のないサービスへとその比重を移してきた。とくに「時間消費型」の消費に対する選好性は非常な高まりをみせている。

こうして、各自がそれぞれのライフスタイルを求めるようになれば、当然ながら社会総体としての価値観も多様化、多元化してくる。これはまさに社会的豊かさを意味するものといえよう。しかし、その半面、これまで「会社のため」といった絶対的な価値観に支えられて生活を送ってきた人びとは、新たな精神的支柱が必要となるだろう。なぜなら、長年、一つの価値観に寄りかかって生活を送ってきた人びとにとっての既存の価値観の崩壊は、精神の不安定化をもたらし、極端な場合には死に至らせる場合もありうるからである。

それでは、どうすれば人は新たな価値観を見出しうるのであろうか。ここで旅行という行為の再評価が行われる。人の新たな価値観の形成にあたっては、自らを相対化し、異なる存在との比較・検討を行うことが重要な力となってくる。そして、そうした環境を提供するのが旅行という行為なのである。つまり、これから社会の多様化、多元化が進んでいくなかで、人間にとって欠かせない精神的安定・刺激を与えうるものとして、旅行、そしてそれを演出する旅行産業は、ますます重要な役割を担うことになるのであり、そのようなものとして再評価されることが求められるのである(1)。

一方、明治維新以来、日本においては旅行産業に対する評価は低いものであった。その要因としては、旅行がかかわる観光が「遊び」として実際の生産活動に寄与するものではなく、積極的にその意義を喧伝することが、会社中心社会のなかではばかられたことがある。

しかし、もともと日本は旅行の盛んな国であった。E・ケンペルは、その著書である『江戸幕府旅行日記』のなかで、「この国の街道には、毎日、信じられないほどの人間がおり、二、三の季節には、住民の多いヨーロッパの都市の街路と同じくらいの人が街道に溢れている。(中略)これは、一つにはこの国の人口が多いこと、また一つには他の諸国民と違って、彼らが非常によく旅行することが原因である」と書いている。

このように、江戸時代にはもう観光の大衆化が起こっていたのである。

江戸時代は、幕藩体制のもと、建て前では庶民の旅が抑圧されていた。多くの藩で、無断に旅に出ることが禁じられていた。とくに農民と女性の旅は厳しく禁じられていた。農民は土地を守り、女性は家を守るのが本分とされていたためである。

ところが、実際には庶民は盛んに旅に出ていた。それは、参勤交代の制度化に合わせて、本格的に街道の整備がなされ、主要街道に一定間隔で宿場機能が設置されるなど、幕府の交通政策が迅速に進められたことに多くを拠っている。つまり、これによって旅はそれほど困難なものではなくなったのである。

ただし、誰もが自由に旅に出られたわけではなかった。民百姓が旅や遊山にふけることを禁じる建て前がある以上、それに抗するしかるべき理由をこしらえる必要があった。この場合、もっとも有効だったのは、まず第一に五穀豊穣を祈願するための寺社詣でであった。もちろん、農閑期に限っての旅立ちであった。加えて大勢で出掛けるのではなく、村を代表して何人かずつが毎年輪番制で出ていく「代参」のかたちが一般化した。

つまり、寺社詣でと代参という名目のもとに、法の目こぼしを得てきたのであった。社会全体に規制が緩んできた時代でもあったし、幕府や諸藩にしても、武士たちが頻繁に旅をしている以上、民衆の旅を必要以上に差し止めることができなかった、というのが真相であろうと考えられている。

当時の日本の人口を大雑把な推計で二〇〇〇万人とするならば、体力的に旅の可能な者の約三%から四%程度が伊勢に歩を進めたとされている。これは、現在の海外旅行者の人口比には及ばないものの、歩く道中の日数とその困難度を考慮に入れるならば、異常なまでの盛況であったと考えることができるだろう。

こうした伝統が現在、新たに再生しようとしている。

2　世界のGDPの一割産業としての旅行産業

世界的にみれば、旅行産業は基幹産業の一つとして、国家的な重要施策の一つに位置づけられている。それだけ将来の成長の余地がふんだんに残されているからである。世界の国際観光客と国際旅行収入の推移をみると（表6―1）、ここ数年、伸び率にばらつきはあるものの、ほかの産業ではなかなか実現しえないような高い成長率を示している。[2]

また、別の角度からみるならば、旅行産業を主体とする観光産業は、すでに世界のGDP生産の一割を超える売上げを生み出している。観光産業の総売上げとGDPに対する比率の推移をみてみると（図6―1）、一九九〇年時点ですでに一割を超えていたが、その割合はさらに上昇し、二〇〇六年には一一・四%にまで達するものと予想されている。

表6-1　世界の国際観光客数と国際旅行収入

区分＼年	1994	1995	1996	1997（推計値）
観光客数(千人)	549,611 (6.1)	563,605 (2.5)	594,827 (5.5)	612,835 (3.0)
旅行収入(百万ドル)	352,645 (9.8)	401,475 (13.8)	433,863 (8.1)	443,770 (2.3)

注）1）世界観光機関（WTO）資料による。
　　2）（　）内は対前年増減比（%）を示す。
出所）『観光白書』1999年版

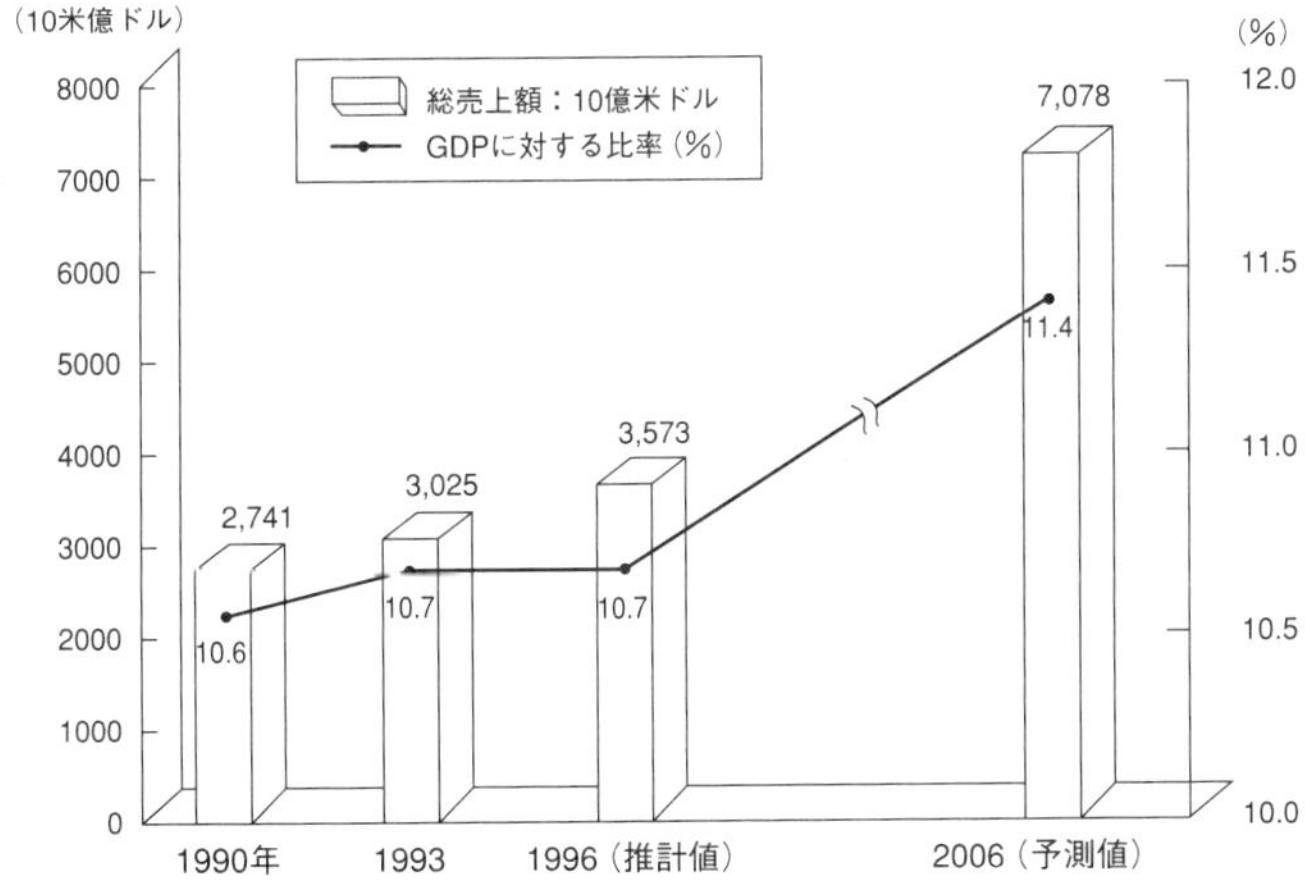

資料）世界旅行産業会議（WTTC）
出所）長谷政弘編『観光ビジネス論』同友館

図6-1　観光産業の総売上額とGDPに対する比率（全世界）

また、雇用者数も全産業雇用数の一割を抱えている。ある報告では一九九六年段階で二億五五〇〇万人と全雇用者数の一〇・六％を占めている。今後もその比重は高まり、二〇〇六年には一一・一％になるものと見込まれている。いまや旅行産業こそが、世界経済を底支えしているといっても過言ではないだろう。

つぎに日本の場合の状況をみておくことにしよう。

各種の観光政策が効果を発揮したこと、また、一九八五年のプラザ合意以降の円高基調が海外旅行にとって追い風となって働いたこともあり、八〇年代後半から、日本人の海外旅行者数は急激な増加を示した（図6-2）。その結果、現在では一五〇〇万人を超える人びとが海外旅行に出掛けている。

今後の日本は、地方の活力を前面に据えて構造改革を行っていく必要がある。地方の活力を生み出す地方分権のためには、地方経済の自立が前提となる。そこで、旅行産業の振興は、地方分権を果たすための地域振興政策と結びつけて考えていかなければならない。

旅行産業が地域振興政策に貢献しうるという背景には、これまで述べてきたような航空の規制緩和という追い風の状況もある。近年、各種の規制緩和政策の一環として、航空産業における規制緩和が実質的な進展をみせつつあり、三五年ぶりともなる定期航空輸送への新規参入が実現した。これは、地方が観光政策を推進するうえで、航空という、従来望むべくもなかった手段を手にすることが可能となったとみるべきである。

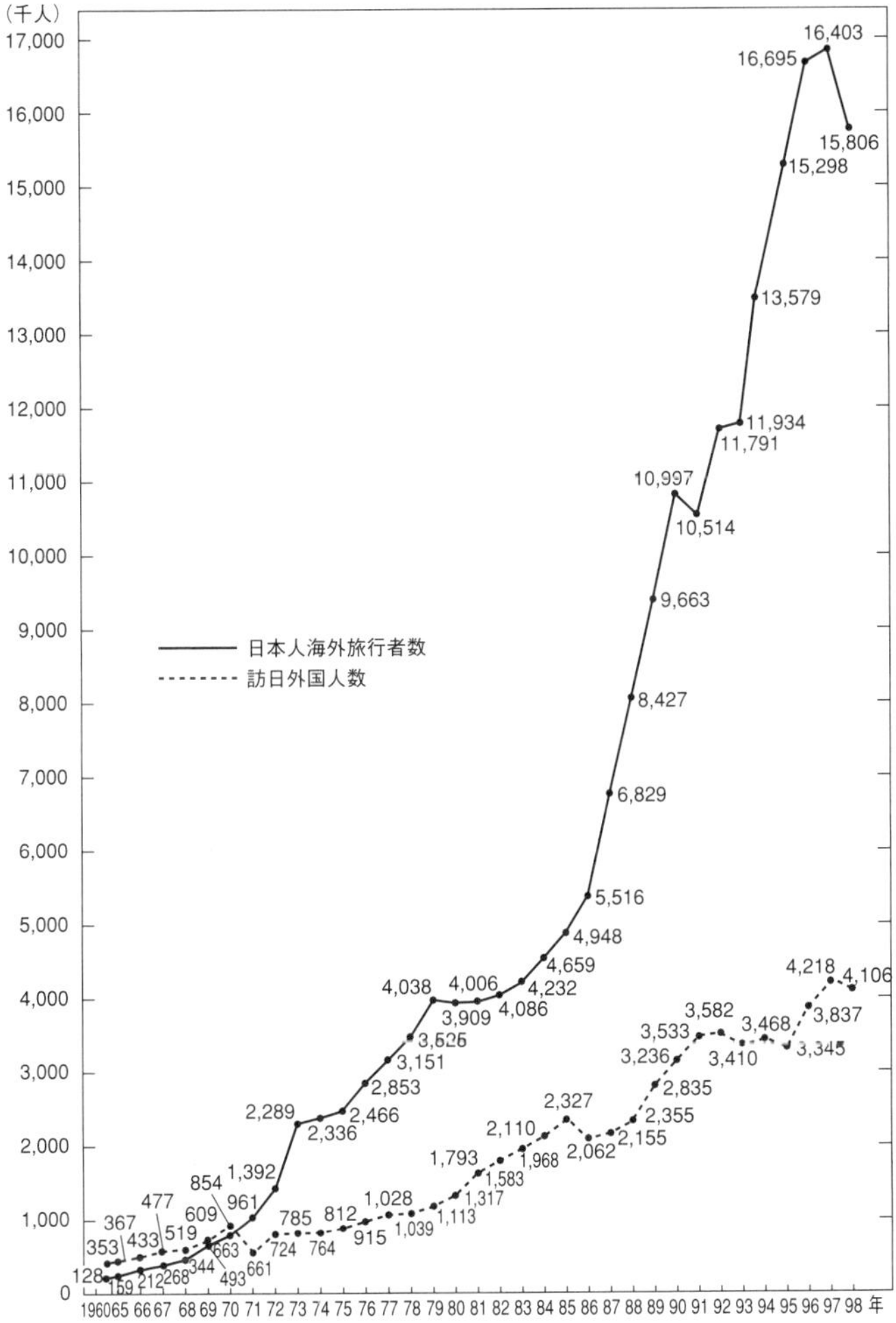

注)　1）法務省資料に基づく運輸省運輸政策局観光部集計による。
　　2）「訪日外国人数」とは，法務省編集の「出入国管理統計年報」の入国外国人数から日本に居住する外国人を除き，これに外国一時上陸客等を加えた入国外国人旅行者数のことである。

出所)『観光白書』1999年版

図 6–2　日本人海外旅行者数，訪日外国人数の推移

その具体的な例が、北海道における北海道国際航空（エア・ドゥ）である。エア・ドゥは、北海道の出資を受け、道民の足として、新しい地域航空会社のスタイルを提示しようとしている。たとえば同社は、機内で道内各地域の特産品を順にPRするというプランをたて実行した。また、二〇〇〇年夏の事業認可を控えたフェアリンクは、地方路線を主体とした初の新規航空会社として、今後の展開が期待されるところである。

このように、今後は観光振興と地域振興政策、そして航空政策などを一体として考えていく必要がある。

3　アジアからの観光客を誘致することの重要性

国内での観光需要の創造とともに積極的に行っていかなければならないのは、海外からの観光需要の吸収である。日本もこれからは、旅行産業を国際経済戦略の一翼として、明確に位置づけていくべきである。

しかし現状では、図6-2でみたように、日本はその外国旅行者数において大幅な出超状態にある。一九九六年段階で、出国した日本人の数が一六六九万人に達し、六四年の一二万七七四九人から約一三一倍の伸びを示しているのに対し、訪日した外国人の数は約三八四万人にすぎず、六四年と比べても、約一一倍の伸びにとどまっている。

国際的に比較してみると、一九九四年時点で、トップのフランスは日本の約一八倍の六一三一万人を受け入れている。日本は三四七万人と三一番目の成績で、対外開放が遅れている中国に対しても後塵を拝している（中国は二一位で五一八万人）。加えて、外国人旅行者の訪問地は東京、大阪に集中している。

運輸省はこうした事態を憂慮し、一九九六年四月に「ウェルカムプラン21」（訪日観光交流倍増計画）を取りまとめた。これは、二〇〇五年を目標年次とし、それまでに訪日外国人旅行者数を計画開始年次の倍増の七〇〇万人にすることを目指すものである。運輸省は、外国人観光客を四〇〇万人から二倍の八〇〇万人に増やせば、日本で外国人が消費する額は、二〇〇〇年現在の二倍の一兆四〇〇〇億円に膨らむとしている(3)。具体的な提言として、訪日旅行の需要創造のための日本の観光イメージづくり、ＰＲと、方面別マーケティングの実施、滞在費用の低廉化、利便性の向上などをあげている。

このほかにも、国際コンベンションの振興、地域伝統芸能を活用した観光振興の法制化、旅行業法の改正、地域限定の通訳案内業の免許制の導入の模索など、多面的な対策が打ち出された。

二〇〇〇年四月、当時の二階運輸大臣は、外国人観光客を増やすために、外国と観光協定の締結を進めることを決定した。観光協定は二国間で、相互を訪問する観光客をどこまで増やすかといった数値目標を設定する。それに向けて両国政府が主導してＰＲ活動を展開するほか、旅行会社などにはツア一商品の立案や国際チャーター便運航などを要請するとしている。

また、企業に対しては、地方空港にチャーター便を運航した場合に発着枠を優先的に確保したり、ツアーをつくった企業には地方運輸局でマーケティングを代行するなどの優遇措置や支援策を用意するとしている。運輸省は、協定締結に伴って必要となる費用を二〇〇一年度予算で要求する方針を示しており、韓国や台湾、中国など、アジア諸国や欧米に協定締結を呼びかけていくという(4)。

これからの海外需要のなかでも、とくに重視すべきはアジアで、そのなかでも中国を主体とする中華系の人びとの観光需要の増大である。一九九六年の数字をみても、訪日外国人の六割以上がアジアとなっている。

国立民族学博物館の石森秀三氏は、①一人当たり国民所得が五〇〇〇米ドルを超えると観光ブームが起こること(例:韓国、台湾、シンガポール)、②観光革命と呼べるような爆発的な観光需要の伸びは、約五〇年ごとに起きていること、などを根拠として、二〇一〇年に観光ビッグバンが起こると予想している。

今後、こうした予想が現実化するかどうかは、経済動向と大きくかかわってくることは確かである。最近発表されたアジア開発銀行の予測によると、二〇〇〇年から二〇〇一年にかけて、アジアの平均経済成長率は六%に回復するとしている。一九九七年七月のタイ・バーツの暴落に端を発するアジアの経済危機は峠を越え、それ以前の巡航軌道に回復したとの見方である(5)。

この点、興味深い統計が最近発表された。一九九九年に東アジアと太平洋の諸国・地域を訪れた海外旅行者が急回復し、過去最高の延べ約九六六〇万人となったことが世界観光機関（WTO）のまとめで明らかになった。対前年比で一〇・五％の増加であり、世界全体の伸び率である四・一％を大きく上回っている。世界全体の旅行者に占める割合も一四・六％と、前年比で〇・九％上昇している。アジア景気の回復で域内の観光旅客数が増えたほか、欧米の観光客にもドルなどの外貨建てでみた滞在費が浸透したためと分析されている。また、ビジネス需要に関しても、一時の経済混乱が収まり、増加した模様である。[6]国・地域別にみると、首位の中国は約二七〇〇万人と前年より七・九％増加した。これは世界的にみるとフランス、スペイン、アメリカ、イタリアについで五位の水準である。域内二位の香港も一〇六〇万人と一一・五％伸びている。

東南アジアでは、タイ、マレーシア、シンガポール、ベトナムが軒並み一〇％以上の増加を示した。日本は八・一％増の約四四〇万人で、オーストラリアと並んで第七位であった。

旅行者が宿泊や飲食、各種のサービスに消費した額を合わせた観光収入は、中国が前年比一一・九％増の一四一億ドルとなった。一九九五年には世界の観光収入ランキングの上位一五位以内に中国、香港、タイ、オーストラリア、シンガポールが入ったが、九九年は中国だけだった。[7]

このように再び注目を集めるアジア諸国のなかで、とりわけ中国は注目すべき存在であり、現在の観光政策をさらに加速させるために、旅行需要を喚起させるような制度改革が暫時進められていることとに注目すべきである。改革開放から数年たった頃までは、一般市民が旅行をしようとすれば、所属する企業からの許可書類の提出が必要であったが、現在ではそれは不要となっている。旅行業の対外開放にも近く踏み切る方針を固めている。また、日本を訪れる中国人の団体旅行について、日中両国政府は二〇〇〇年九月から解禁することで合意した。当面、北京、上海の両市と広東省在住の約一億人が対象となる。これまで中国政府は公務以外の日本への渡航に関して、日本に住む親族や知人の訪問や商用に限定していた。外務省は今回の措置で、中国から年間数千人の観光旅行客を見込んでいる。この合意によると、観光ビザの有効期間は三ヵ月で、一五日以内の短期滞在に限定するとしている。ビザの発給対象は五人以上四〇人以下の団体で、当面は北京の日本大使館が審査に当たる。旅行には日中双方の旅行会社から添乗員が同行する。旅行会社は中国側は対象の二市一省で、海外渡航業務の取扱いを許可されている二一社であり、日本側は近く運輸省が募集するという(8)。

さらに、中国政府は消費を刺激するために、五月一日のメーデー休みを拡大し、事実上七連休の中国版ゴールデンウィークを創設した。この間の旅行者は数千万人に達する見通しであるという(9)。

このような、今後顕在化してくる需要をどのように吸収していくか、日本経済の今後を考えるうえでも、観光は重要な鍵となってきている。

一つの方策としては、長崎県のテーマパークであるハウステンボスが行っているような、アジアを中心とする海外でのセールス展開を積極的に行っていくことがあげられる。ハウステンボスは、所得増大の著しいアジア諸国の観光需要にいち早く着目し、積極的な誘致活動を展開した。現地で大規模なプロモーション活動を実施したほか、台湾や香港、韓国などの有力旅行会社と代理店契約を締結し、さらにアジア各国へ十数人もの営業担当者を常時派遣してセールス活動を進めている。また、従業員への徹底した語学教育に加え、アトラクションの案内やメニューなどに、ハングル語や中国語を併記するといったアジア客誘致政策をとった。

その結果、開業時三七〇〇人であった外国人客数は、一九九五年には一七万人と著増している。総入場者に占める外国人客の割合は四・三%で、東京ディズニーランドを凌いでいる。

4　旅行産業の情報産業化、高収益化

このようにみてくると、見方によっては旅行産業の今後は、膨大な潜在需要を抱え、バラ色に輝くものと映るかもしれない。しかし、勝負はまさに今始まろうとしている。需要者の生活意識の向上に伴うニーズの質的向上と多様化によって、観光政策の差異化をどのように行うかをめぐって、地域間、産業間、あるいは企業間での競争が激しさを増すことになるだろう。そのため、これまでのように、大企業の開発の観点に全面的に依存した、金太郎飴的な観光政策のレベルにとどまっていては、とても生き残ってはいけないものと思われる。

この結果、旅行産業は、その根本的な体質転換が求められることになる。これまで旅行産業は、鉄

道・航空を中心とする運輸産業によるチケットの代理販売業務から得る利益を、その主な収益源としてきた。しかし、インターネットを中心とした情報機器の発達・普及は、消費者が直接、鉄道・航空会社と接触し、旅行のアレンジをすることを容易にした。このため、従来の旅行産業の収益源は縮小の方向に向かっている。

一方運輸産業は、競争の激化から少しでも販売手数料を減らして利益を確保すべく、直接販売の姿勢を強めている。航空先進国のアメリカでは、すでに、チケットレス販売（予約や搭乗に航空券を使用しない方式）やインターネット販売の推進によって、代理店手数料などの営業費用の削減を進めている。(10)

こうして、旅行業にとっては、その本来のコンサルティング機能を、原点に立ち返って極限まで追求することが、唯一の生き残りの道となってきた。「情報付加価値産業」としての旅行業の再生である。専門旅行社と呼ばれているところが、その独特な情報、ノウハウの蓄積を武器に売上げを伸ばしているのは、そうした方向性の表われであるといえよう。(11)

現在は情報化時代への移行期にある。この変化をうまくとらえ、旅行産業、そして観光産業は、総体として情報産業の一翼を担うものとして、新たな一歩を踏み出さなければならない。

しかし、そのためには創造性あふれる優秀な人材を業界に取り込む必要があり、従来の薄利多売、低収益構造を抜本的に改革する必要がある。

低収益がもたらす低賃金構造の一番の問題は優秀な社員がなかなか育たないし、根づかないということである。就職の段階から、いくら旅から連想される旅行会社に対する漠然たるイメージが良いといっても、現実の就職先として、情報に敏感な優秀な若者にとっては魅力に欠けるであろう。また、旅行業にとっての一番の競争力を形成するものは、各社員の蓄積した経験に基づくノウハウである。それが中途で退職してしまうような状況にあれば、もっとも重要な働きをする前に戦力から離れていくことになり、社会的にみても大きな損害であるといわざるをえないだろう。

日本旅行業協会のまとめによると、一九九六年における第一種旅行業者（海外、国内の主催旅行を含め、すべての旅行を取り扱うもの）八三五社の一社当たりの平均で、取扱高九六億六〇三三万円に対し、営業利益一九〇二万円と営業利益は〇・一九七％にとどまっている。このような状態では、優秀な人材を数多く集めることは難しい。人材確保を念頭においた高収益産業への体質転換が、早急にはかられていく必要がある。

（1）　人はなぜ旅行をするのかという根本的な問いに対し、高田公理氏は、人間の想像力こそがその源泉であるとして、つぎのように主張している。「それは、人間という動物が、脳という巨大な情報処理手段を持っているが故に、際限のない想像力を発揮してしまうという認識から出発する。豊かすぎる想像力は、『現在のこの場所以外』への関心を呼び起こす。同時に、人間の生につきまとう解決不能の不条理が頭をもたげる。無限の想像力は永遠の時間と永遠の空間を遊ぶことを希求するのに、人間の生涯は有限の時空間に閉じ込められざるを得ないという不条理である。ここに有限の生命しか持ち得ない人間の、時間的永遠性に対する憧憬が生じる。それは、人類文化にとって最も普遍的な要素の一つでもある宗教が目指す、最も普遍的な目標であり、最も本質的な属性でもある。宗教とは、有限の人生を永遠の時間につなげたいとする人間の営みの総称なのである。一方、有限の空間しか支配しえない人間の空間的無限性に対する憧憬は、かりに旅行と総称される行動様式を生み出す。それはときに、宗教的な行動様式である巡礼という形をとり、また別のときには日常生活に切断を持ちこむ観光旅行という形をとりながら、人間を未知の空間に誘う。ただし、そのためには衣食住をはじめ、生活の物質的基礎と潤沢な自由時間が保証されていることが必要である。こうして宗教と旅行が、現代日本人にとって必要不可欠な生活回路の一つとならざるを得ないことが理解される。」

(2) 一九五〇年には世界で二五〇〇万人に過ぎなかった年間国際観光量は、二〇〇〇年までに七億五〇〇〇万人に、年間観光支出額は七二〇〇億ドルに達するだろうと予測されている。

(3) 『日本経済新聞』二〇〇〇年四月三〇日付

(4) 『日本経済新聞』二〇〇〇年四月三〇日付

(5) それ以前の平均成長率は七%であったので、そこまでの回復ではないが、新たな経済発展のステージを迎えたことは確かであろう。ただし、不良債権問題の未解決など、依然として不安定な要素が残っていることにも留意しなければならない。

(6) この地域への旅行者は、経済成長と観光施設の整備につれて順調に増え続けてきたが、一九九七年七月に始まったアジア通貨危機の影響が深刻になった九八年には、前年比で〇・九%減少した。しかし、九九年は尻上がりに増加し、当初の推計を大きく上回る結果となった。なお、集計対象は、中国や日本、東南アジア諸国、オーストラリアなど約四〇の加盟国・地域に入国して一日以上宿泊した域内外の旅行者で、一部は推計を行っている。

(7)『日本経済新聞』二〇〇〇年七月一七日付

(8)『日本経済新聞』二〇〇〇年六月二一日付

(9)『日本経済新聞』二〇〇〇年四月二五日付

(10) 日本での代表的な現われは、日本航空が始めた「E割」(インターネット割引)である。日本航空は、二〇〇〇年二月一日の航空法改正に伴い、インターネットを通じて予約を行った消費者に対しては二五%の割引をするという新たな割引運賃を設定した。これが、旅行代理店に対して利用不可としたために、旅行業界の反発を招いたのである。ただ、今回の場合は、単なる反発の次元に留まらず、旅行業界側の深刻な危機意識を招いたことに注目すべきであろう。旅行業最大手であるJTBは、業界を代表して日本航空との交渉にあたるが、現時点ではまったくの平行線をたどっている。一部マスコミの報道では、事態の停滞にあせったJTBは、全日空に対して共同して日本航空へ対抗しようと持ちかけたが拒否されたとのことである。このほかにも、総体として国内での旅行産業の競争相手は増えている。航空、鉄道などの輸送機関やホテルなどの宿泊施設による事前購入割引制度や利用量によってポイントがたまるプログラム・サービスは、輸送機関や宿泊施設への直接予約を原則とするものも多く、旅行会社が介在する余地は狭くなっている。また、輸送機関や宿泊施設が自前のホームページを設け、消費者に直接、情報を発信する動きも活発になっている。その結果、宿泊を伴う旅行の国内需要は九六年で一八兆一〇〇〇億円だったが(JTB推計)、そのうち旅行業者が扱ったのは九兆九〇〇〇億円だったという(『日本経済新聞』一九九八年一〇月三一日付)。

(11) こうした優良な専門旅行会社は、芦原伸『旅をつくる一二人の男たち』(東洋経済新報社 一九九九年)に紹介されている。なお、旅行者の興味の対象を絞り込んだツアーのことをスペシャル・インタレスト・ツアー(ＳＩＴ)という。こうした商品は高価格であっても需要は底堅く存在し、利益率も高くなる。本来、旅行業が旅のコンサルティングであるということにたちかえれば、今後は、こうした独自の強さをもつ分野をしっかりともち(これを経営学の分野では事業ドメインの確定という)、高付加価値を保証しうるような、そして高い利益率が確保できるような商品づくりを行っていけるような体制づくりが急務である。

第7章 空港開発と文化交流

従来、空港開発構想の大半は、空港の周辺に物流拠点を設けて企業を誘致し、それによってもたらされるであろう活力により、地域産業の発展をはかろうとするものであった。しかし、実際には、こうした物流拠点構想には、景気の動向も左右して、なかなか企業の参加がはかれず、当初の目算は大きく崩れることが多かった。その一方で、空港開設にあわせたイベントの開催が成功をおさめ、それによって地域の活性化への道が開かれる可能性が感じられるようになってきた。

ここでは、関西新空港と関西経済活性化とのかかわりを念頭におきながら、従来の空港開発の意義と問題点を問いつつ、将来の発展に向けた空港機能について検討を行っていきたい。

1 空港開発の意義

地方空港の開発は、とくにバブル期においては国際化の進展、地方の時代の文脈のなかで非常に重点がおかれてきたが、バブル崩壊とともに手のひらをかえしたように、いっせいに批判の声が上がってきたような観がある。(1)

こうした論調の変化のなかで、確かに見直されなければならない点も多い。とくに臨空産業論などは、後述のように、さまざまな問題点を内包するものであり、その点を見過ごしてきたことは、筆者を含めて大いなる反省点である。

しかし、空港ができたことが、地域社会にプラスのインパクトを与えうることも確かであり、この点をあまりに否定的に強調することは、今後の社会発展のあり方の選択肢を不当に狭めてしまうことになろう。(2) 過去に対する反省を踏まえながら、冷徹な視点をもって、未来への発展を開いていくことが、今求められているのである。

ここでとくに取り上げるのは、文化交流という空港の機能である。(3)

空港は一般的にインフラストラクチャーとしてとらえられている。(4) 従来インフラストラクチャーといえば、産業基盤としての認識が主流であった。しかし、ここでインフラストラクチャーとしてとらえる空港は、宇沢弘文氏が主張されているような、社会的基盤としてのインフラである。そして、そのなかから、いかに地域の固有性というものを再発見し、地域の活性化に結びつけていくかということがここでの論点となる。

2　従来の空港開発思想の問題点

ここで、従来の空港整備の問題をいくつか取り上げてみよう。

(1) ハードとしての空港施設さえ整えば、産業がスムーズに誘致され、地域の活性化がはかられる、また、同時に国際化も発展するという発想。

ここからは、雇用創出に対する見通しの甘さが問題となる。まず、空港建設は単純に雇用増につながるという幻想がある。空港が開港するといっても、空港に直結した職場には、従来他の空港で働いていた航空関連の従業員が、転職によって大量移動してくるだけであって、新しい空港が地元住民に対して生み出す雇用というものは、期待値よりもはるかに小さくなるだろう。

また、空港需要を見込んだ新規の事業参入が活発化するならば、それは、空港関連の雇用賃金は相対的に高水準にあたるために、人材の確保のため賃金水準を引き上げることによって、地元企業の雇用業況を悪化させるという面がある。

(2) 自治体間の競争が、航空需要に対する過剰供給を引き起こす[5]。また、それが画一的な開発であることは、資源の濫費につながることになる。

この問題に対する解決は、ハブ機能の多様化に求められる。関西新空港の場合には、アジア志向からアジアのハブとしての地位の確立を目指しているが、実際、関西にある地方空港は、どれもこれと同様の路線を歩もうとしている。

しかし、こうした志向性は、とくに地方空港の場合、後背地需要が小さく需要開拓に限界性を伴うがゆえに、皆が一斉にアジア志向に特化することは、空港間競争をいたずらに激化させてしまい、おのおのの空港の個性を活かすような分業体制づくりには結びつきにくい。

各地域の特性を戦略的に打ち出し、そのうえで、空港間での各特色を活かした有機的結合を目指すことが非常に重要なポイントになってくる。ハブといっても、いろいろなかたちでの機能が考えられる。ローカル線におけるハブ、ヘリコプター輸送におけるハブなども考慮に入れられるべきである。こうした、より現実に即した多様化が推進されていかないと、これは地域の空洞化を加速することにもなりかねない。

(3) 開発の意義について。空港をつくった後に、運営の過程において、いかに地元住民の参加をはかるか。

この点については、従来、あまり考慮されてこなかった。収益性という観点のみが問題とされてきた面がある。しかし、これは空港のもつ公共性という性質から問題となる点である。そのさい、空港債の導入や、一般人がいかに空港運営に参加しているかということに関してアメリカでの諸事例が非常に参考となりうるであろう。たとえば四つの空港を管理、運営しているNY&NJポートオーソリティでは、住民参加の委員会であるアドバイザリー・コミッティをつくり、話し合いの場を設けている。また、オーランド空港では、ボード・オブ・オーソリティという理事会運営で、七人の理事が、無給で任務に当たっており、空港と地域の掛け橋となっている。この結果、地域と空港の関係が非常に良好なものになっている(6)。

(4)　長期的視点と短期的視点の混同

空港はその開発に膨大な資本投資を要するものであると同時に、その建設に要する期間も長く、また、その影響を及ぼす範囲もきわめて広範囲にわたる。そのため、空港を建設しようとする場合には、将来の社会変化、需要動向を十分に吟味したうえでの慎重な計画が必要とされ、長期的な取り組みとなるのは必然的となる。しかるに、昨今の東京一極集中に対する地方分権論の文脈における地方空港開発推進論にせよ、首都圏での混雑解消を目指す首都圏空港の容量拡充論にせよ、この点に関して十分な考慮を行っている姿勢が感じられない。あまりにも現状の問題関心、つまり東京への一極集中という問題に引きずられて、その解決をあせるあまり、こうした大事な視点がないがしろにされている面がみてとれる(7)。

(5)　経済効果の算出

空港建設を進めるにあたっては、その空港ができることによって、その周辺地域にどのくらいの経済効果がもたらされるのかということを、定量的に分析することになる。従来多く行われてきた、空港開発の経済効果の計算では、その空港の独自の機能を考慮に入れず、単に一つの経済活動体として把握されている。しかしながら、とりわけ文化経済学的観点から重要なポイントとなるのは、広域移動を可能にしたり、時間価値を高めるという、航空機能の発揮がもたらす効果、あるいは新空港から直行便がひかれることによる心理的効果、たとえばビジネス行動への転化が容易になるといったことをどう金銭的尺度で評価・測定するかという問題である。このため、従来の尺度とは違う、新しいかたちの効用度関数が必要となってくる。

(6)「臨空」という概念の曖昧さ

従来、空港開発を行う場合には、臨空型産業の誘致・発展による地域経済の活性化が盛んに論じられてきた。

しかしながら、企業行動の実情を検討してみるならば、つぎのような指摘が可能となる。すなわち、産業立地を進めるうえで、空港へのアクセサビリティーは考慮すべき要因の一つではあっても、重大な比重を占めるものではなく、もし地価や労働力、用水、環境、地元の受け入れ態勢など、他の条件が有利であるならば、アクセサビリティーはそれほど重要な決定要因とはならないということである。「臨空型産業」「航空利用型産業」とはいっても、空港から一時間以内に立地していれば十分にこと足りる。その意味では、高速道路が有効に使用できるかどうかということのほうが、より重要な力となってくる。[8] そういった面から考えると、従来の「臨空」という謳い文句には、開発推進・企業誘致側の過剰評価、過激な期待があったといえよう。

また、そもそも「臨空」という概念がどこまで厳密に規定できるのかということを原点に戻って検証し直すことも重要になってくるだろう。[9] 現在のように、この言葉が曖昧に使用されている現状では、たとえばある県では、全県域が臨空圏となってしまうことになり、地域開発論議として具体性をもたなくなる可能性がでてくる。

以上のような点を突き詰めて考えていかないと、たとえば国際空港の開港によって大阪／関西経済が国際化に向かうとしても、その方向はますます地域内の産業関連を欠き、産業空洞化のうえでのサービス経済化が進んでいく可能性が強まってこよう。(10)

「世界の多くの国際空港所在地がそうであるように、結局泉州に自然に立地するのは、ビジネス・ホテルやモーテル、ファーストフード・ショップやゲームセンター、倉庫、駐車場、トラック・ターミナルなどの、いわゆる『ロードサイド・ビジネス』ないし『ポートサイド・ビジネス』ということになろう。泉州のサービス経済化は放っておけばこういう方向で進んでいくはずであり、そうなれば、泉州はこれまでの地域色を失い、顔のない通過地域になりかねない。ましてや地元の市町が同じようなパターンの駅前再開発・高層ビル建設競争に血道をあげればあげるほど、無秩序な『ロードサイド』化が進むう。(11)」

3　関西新空港の地域開発に関する問題点

ここでは、前記の一般的な空港開発に伴う問題を念頭におきながら、関西新空港の開発における固有の問題点について概観してみたい。

関西新空港を視野に入れた関西圏の各種開発プロジェクトは、その当初の計画にもかかわらず、一九八〇年代後半に軒並み巨大化していった。それからは、バブルの崩壊とともに大きく破綻している。しかし、その一方で、引き続きレジャー開発を中心とする巨大プロジェクトがつぎつぎと始動しているという現実がある。

中山徹氏は、プロジェクトが一九八〇年代に巨大化していった原因として、つぎの四つをあげている。(12)

① バブル経済
② 関西新空港との関係：泉州地域において乱立密度が高い
③ 開発を成功させるための自治体間競争の発生
④ 駅前再開発が民活方式で行われたこと

このなかでは、とくに第四の点が重要だと思われる。

公共事業とは違い、第三セクターによる開発においては、少しでも見込みが狂うと金利が膨らみ、それが事業費にさらに上乗せされ、それでなくても売却できない土地の単価がますます上がり、一層事業が困難になるという悪循環に陥ることになる。(13)

民活方式の問題点としては、関空関連事業のような社会資本整備事業を、単なる一事業としてとらえ、収支採算上から適否を考えてよいのかということがある。(14)ここでは、すでに述べたように、経済効果の算出方法に関する十分な検討が必要になる。

4　関西新空港の存在意義

さて、以上のような問題点を認識したうえで、関西新空港のもつ意義について考えてみたい。この意義は、大きく二つにまとめられる。

①　日本の従来の路線構造である東京一眼レフ構造（首都圏交通以外の離脱を招いていた）から、大阪を加えた二眼レフ構造へと転換させることによって、地域社会のさらなる発展（多極分散化）への可能性を開いた。

②　関西圏のもつ固有性をいかして、「交流ネットワーク」の結び目として、日本における新たな役割の想像を行いうること（地理的意義）。

人流・物流が起こるということは、その接触によって自らの文化を相対化し、つまり固有性を見出すことによって、価値を再発見することになる。ただし、そこから実際の経済の活性化に結びつけていくためには、それを産業として結実させる研究開発（R&D：Research and Development）が必要である。

池上惇氏は、「産業構造の変化の中で、関西新空港の機能を考えた場合、最も期待されるのは、都市文化交流や地域文化交流の促進と実現である[15]」とし、つぎのように述べている。

「関西経済は関東経済のように東京中心の一極集中型でなく、大阪、神戸、京都など多極的で分散的な核を持ったネットワーク型をしており、大量生産大量消費の経済よりも、多様な情報発信機能をもつ多品種少量生産型の経済に適合的である。それだけに政策の失敗を是正する動きも早く、総合消費産業が発展する現代経済のシステムを先取りしているところがある。……もし、関西新空港が個性的な地域の核の独自性を認め合いながら、人的交流、文化、情報などの海外と国内の総合的な調整を可能にする『交流ネットワークの結び目』として機能すれば、日本におけるネットワーク型経済組織のモデルとなりうる可能性がある。」[16]

関西空港調査会の研究では、関西における戦略産業として、つぎの二つの産業群をあげている。[17]

① リサーチコンプレックスと情報インフラを重点的に整備することによって、この環境下でもっとも機能するとみられる産業群

② 空港整備を重点的に行い、その周辺に立地するならばもっとも機能しうる産業群

①については、情報の公開性について考える必要がある。また、②については、先述のように、「臨空」という言葉の意味の問い直しが重要である。

タオルなどの地場産業の国際性、あるいは全国的に通用する商品の発展性については、否定的な見解がある。しかし、その産業の背景には、十分なR&Dを行っていないために、高度技術との結合、技術集積を可能にするシステムが存在していないことがある。このような状況は、R&Dに関して、私企業へ補助金が片寄って交付されていることによって引き起こされている面が強い。この結果、有益な情報を企業が抱え込んでしまい、地場産業の発展による地域社会の興隆など、公益の発展に資す

るような公共知識が欠乏した状況となっている。

また、同時に、「地域固有の生産ノウハウを新しい科学、技術、文化と交流させて、より質の高い財をつくりだすには、科学技術そのものなどを学習するだけでなくて、より質の高い財を生産し消費している他の地域の経験から総合的に学ぶ必要がある。」[18]

こうした観点から考えれば、現在、従来の産業誘致政策から比重が移りつつあるイベント・フェスティバルといったものは、その効果が一過性的なものであるとの批判はあるものの[19]、広い意味での文化交流を目指したものが多いということで、その効果を再評価していかなければならない。W・S・ヘンドン氏も、地域社会への経済的貢献度が高いのはイベントであると発言している[20]。

そして、こうして行われる交流によって、地域の固有価値の意味が鮮明にされるのである[21]。

5　今後の方向性

以上、これからの関西は、単に人流・物流を増やすというのではなく、国際間・国内間の文化の違いが、その衝突のなかで新しい価値観を見出し、それが産業として経済活動のなかに結実化され、繁栄に導かれていくような、「交流型世界都市」[22]を目指していかなければならない。その過程では従来型のハード優先的な開発ではなく、地域の固有性を交流のなかから認識し、それを産業化しうるような才能をもった人材が集まれるような、情報へのアクセスの容易さを中心とした地域の生活環境の整備といったソフトを含んだ、総合的な社会資本・設備の整備を行っていかなければならない。そのうえで、今後の地域開発戦略は、地場、国内、国際という三重の市場構造を念頭においたものとならなければならない。ニュー・インダストリアル・パーク構想[23]は、その一つの試みと考えられるだろう。

また、関西新空港の今後の方向性として、アジア志向をあまりに強調しすぎるようなきらいがあるように思われる。この点についていては、関西新空港に対するヨーロッパ需要の高まりを見落としてはならない。関西新空港は、アジアとの関係性という強みを活かしつつも、あくまでもグローバルな体系を支える空港を目指していかなければならないと考える。

最後に、ここでは具体的なかたちでの新しい効用関数は提示できなかったが、空港建設をめぐっては、各種の評価項目を設定し、それをウエイトづけしたうえで点数化するという従来型の評価方式は、民間の参加によって、より有効に活用されなければならない。具体的には、コンサルティング業者や専門家による委員会に評価を任せるのではなく、住民が自ら評価を行うことを通じて、住民による空港運営への実質的参加の第一歩とすることが望まれる。

（1）　もちろん、その潮流の変化の根元には、政府の空港政策の転換がある。

「国が地方空港の国際化にアクセルを踏み始めたのは、わずか三年前であった。九一年六月に出された運輸政策審議会の答申『今後の国際航空政策のあり方』は、それまでの『国際線を東京・大阪の二眼レフ空港になるべく集中させる』政策から一八〇度転換するものであった」（杉浦一機『空港ウォーズ』中央書院　一九九五年　八三ページ）。

「九四年四月に建てた運輸省の新方針では、⑴新しい国際線の建設については関西空港発着便を優先する、⑵地方空港への就航希望には、需要動向を見て慎重に対応することとし、六月の航空審議会（運輸省の諮問機関）の答申にも盛り込んだ」（前掲書　八六ページ）。

（2）この点は、日本においては、「成田」の問題が大きく影響していることは確かである。宇沢弘文氏は、成田問題との深いかかわりのなかから、つぎのような考えを表明している。

「空港は、機能面からも、物理的な面からも、どのような地域社会にとっても、まったく異質なものであり、望ましくないものであるということである。……空港の場合には、騒音、混雑、危険、文化俗悪といった、地元住民にとって好ましくないような類いのものしかもたらさない」（同『「成田」とは何か―戦後日本の悲劇』岩波新書　一九九二年　一二三ページ）。

「空港建設によって惹き起こされる社会的費用は、このように、周辺地域の社会的・文化的環境の破棄という形をとって現れることもあり、この点を無視して考えを進めることは許されないであろう」（前掲書　一二五ページ）。

（3）ノーバート・ウィーナーは、人類にとっての最大の福祉はコミュニケーションだと主張している（アートサポート編集委員会『アートサポート'90s―芸術と経済の新しい関係を求めて』芸団協出版部　一九九一年　七八ページ）。

（4）また、国際化が進んだ現在、より進んで国際公共財として位置づけることも可能であろう（戸崎肇『航空の規制緩和』勁草書房　一九九五年）。

（5）地域エゴを乗り越えた例が存在することも確かである。たとえば福島県のＦＩＴ構想がある。福島県は福島空港の運用を考えるうえで、単に自県の面子に終始せず、隣接県の茨城（I）、栃木県（T）との関係を大切にし、空港のもつパワーをより大きく発揮させるには隣接県との協調が不可欠と、福島県側から積極的に呼びかけ、三者（FIT）による協議機関を運営している（杉浦　前掲書　八一、八二ページ）。

（6）詳しくは、村山元英・石井新二監修／地連協・エアーフロント研究会『空港と地域と未来　エアーフロント都市に関する訪米調査団報告』文眞堂　一九九三年を参照のこと。

（7）「迅速に手を打つべき局地的・対症療法的な施策と、『百年の計』をもって行われるべき構造的・抜本的な政策とがあるのであって、国土構造の再編に絡むような政策は後者に属し、拙速をとくにいましめなければならない」（関西空港調査会『世界都市・関西の構図』白地社　一九九二年　一四五ページ）。

（8）「りんくうタウン」へ実際に進出した企業の本音は、ネットでの事業収支で勝負しようとするのではなく、時価の値上がりを期待した、キャピタルゲイン狙いであったとみてとれる。関西空港調査会研究センター所長・下村安男氏によるご教示に基づく。

（9）ここで詳しくは論じないが、地方の「国際化」という場合の「国際化」の概念についても、同様により突っ込んだ検証が必要であろう。

（10）大阪自治体問題研究所編『大阪の国際化とリストラ』東方出版　一九九五年　一九ページ。また、国際航空路線体系における日本の空港の空洞化の問題も深刻化してきている。

「韓国企業にとっての日韓路線はドル箱路線なのかと言えば、そうではない。日本の一二路線に乗り入れている大韓航空も『地方空港では採算が取れるのは新潟だけという有り様』……それほど採算のよくない日本―韓国路線に韓国企業が熱を上げるのはなぜなのか。それは韓国の航空会社にとって日本路線はソウルから先の長距離線の支線として〝金満〟日本人の集客路線になっているからだ」（杉浦　前掲書　三二ページ）。

(11) 大阪自治体問題研究所編　前掲書　一二ページ

(12) 中山徹『検証　大阪のプロジェクト―巨大開発の虚像と実像』東方出版　一九九五年　五一、五三ページ

(13) 同右　一七〇ページ

また、第三セクターへの運営委託では、行政サイドからの出向者が事業を担うことになるという、人的な面での問題を指摘する声もある（地連協／エアー・フロント研究会　前掲書　七一ページ）。

(14) リゾート開発という側面からではあるが、ここでの文脈と同様の意味で、公共事業体（自治体）のイニシアティブの重要性を指摘したものとして、つぎのようなものがある。

「それまで（一九世紀末から第一次世界大戦まで）のリゾート開発は、大地主の貴族や株式会社制度で力をつけた鉄道資本などが主体であったが、リゾート開発にそぐわない面が出てきた。つまり、投下資本の回収には熱心だが、追加投資はしぶったのである。うつろいやすい水商売でもある巨大装置産業（リゾートは地域そのものがビジネス・スペースである）は、他との競争に勝ち抜くために次々と追加投資しなければならず、しかもその投資は、プロムナードや街なみ、上下水道や公園、劇場、桟橋、さらには電車や車道まで含む公共的側面が強かった。地域全体のアメニティの高さが勝負となるリゾート競争において、単体事業主は対応できないのだ。とりわけポピュラー・リゾートはその傾向が強かった。都市間の競争が激化し、地域経済の浮沈を賭けた闘いがリゾート客誘致戦として

展開された。大衆の流行の変化に合わせて、次々にアトラクションを開発し、アメニティを高めなければ客は逃げていくわけで、大衆向けリゾート・サービス市場は量的拡大を狙わざるを得なくなってきた」（佐藤誠『リゾート列島』岩波新書　一九九〇年　五一、五二ページ）。

(15) 池上惇「関西経済と固有の都市文化―国際化・アジアの動向と文化交流の経済的意義」『地域開発』一九九四年一二月号　一ページ

(16) 同右　一、二ページ

(17) 関西空港調査会　前掲書　一三四～一三六ページ

(18) 池上　前掲書　五、六ページ

(19) テーマパークについても、広域的に集客しうる反面、全国的にどこの都市も行うようになると、共倒れの危険性が生じてくることに留意しなければならない。

(20) アートサポート編集委員会　前掲書　三〇ページ

シンガポールが国際会議に力を入れるのは、会議に世界中から人びとが大勢集まることに加え、滞在費が観光客の三倍（一日当たり一万五〇〇〇円）になるからだという報告もある（杉浦　前掲書　一五六ページ）。

イベントについても、その経済的効果の評価方法が問題となるが、この点については今後の研究課題としたい。

ただ、つぎのような指摘があることは注目に値する。「投資をすることによって、特にアメニティに大都市で投資をすることによって、例えば芸術や文化、あるいはほかのレジャー活動の施設などに投資をすることによって、若いインテレクチュアルな、活発な人たちを都市でまだキープできる…

…これは新しい種類の経済開発の手法となり得る」（アートサポート編集委員会　前掲書　三四、三五ページ）。

また、リゾート開発の観点からも、以下のような指摘がある。

「最近のリゾート開発の動向で目だつ現象がある。商業主義的に特化した、いわゆるリゾートっぽい施設が飽きられ、自然丸かじりのふるさと回帰路線と対になる型の、大都市のリゾート、いわゆるキャピタル・リゾートの急台頭が見られる。……首都リゾート人気は『逆リゾート』ブームとして世界的に生じてきている。……アトラクション、アクセサビリティー（交通利便性）、アメニティの三拍子がそれなりに揃っている」（佐藤誠　前掲書　三二ページ）。

（21）　なお、地域とのかかわり合いという面から、空港そのものの存在形式についても吟味してみる必要性がある。この問題については、ここでは詳しく論じることはできなかったが、空港も、駅舎や港湾など、他の交通機関の施設同様、その地域を象徴するシンボル的機能を果たすようになっている。したがって、空港自身の芸術性、つまりいかに周辺環境と調和しているかという問題も、重要な観点となってくるものと考えられる。この観点が活かされた空港づくりを行ったケースが、一九九二年に開港したドイツのミュンヘン2（フランツ・ヨーゼフ・シュトラウス）空港の場合である。空港建設の過程で生じるさまざまな問題を地元住民と話し合いで解決していくなかで、空港ターミナルビルについても話し合いの議題に取り上げられ、無機質なものでなく、自然環境との調和を図り、芸術性豊かなデザインとすることが、空港当局と地域社会との間で合意された。

「ミュンヘン2空港のケースは、地域社会との充分な対話が、祝福される空港造りを実現するばかりか、空港を単なるターミナルでなく地域の文化発信基地につくりあげることの可能性を見事に立証したのである」（杉浦　前掲書　一七四～一七八ページ）。

(22)　この言葉自体は、関西空港調査会　前掲書　一四七ページから引用したがここでの定義づけは筆者が独自に行ったものである。

(23)　二一世紀に向けて、関西の新しい産業空間として、従業員の視点、地域経済の視点に重点をおいた、新しいコンセプトに基づいたインダストリアル・パークを、重点的に関西各地で整備していこうという構想（関西空港調査会、一四〇ページ）。

第8章　文化と移動：現代における「交通」の役割の再評価

1　現代における「交通」の意義の再評価

現在、経済構造の変動に伴って真の人間生活とはどうあるべきかという議論が真剣に問われるようになってきた。一九九八年度のノーベル経済学賞が、経済と人間との関係性を改めて問い直したアマルチュア・セン氏に贈られたことは、そうした流れのなかでとらえることができよう。

人間生活の深化をはかるうえでは、「文化」という側面を除いて考えることはできまい。ただしここでは、「文化」とはいったい何なのかという問題が生じてくるのは当然のことであろう。ここではこの問題に明確な回答を与えることはできないが、当面の措置として、ある一定の地域のなかで形成された、人間生活の独特のスタイル全般を総称するものとする。[1]

さて、マスメディアを始めとする情報化・国際化の進展のなかで、文化のもつ重要性が強調されつつも、同時にそれが安易な「普遍化」の方向に進む傾向があり、そのために文化が逆に軽視される方向性も併せてみられるようになった。今後、情報化がますます進み、価値観の多元化が進んでいくと、何を基盤にわれわれは生きる目標を設定していくのかという新たな問題が生じてくることになる。エーリッヒ・フロムが指摘したように、人間は何らかの精神的支柱なくして人生を全うしていくことはほとんど不可能であると考えられる。ニーチェの想定するような「超人」は、なかなか現実のなかには見出すことができないのではなかろうか。

そこで何が現代人にとって生きる支柱となりうるのであろうか。フランシス・フクヤマはその著書『歴史の終わり』のなかで、社会の進化は自由主義と民主主義の到来をもって最終地点に到達し、あとは個人間での細かい差異化を求めることで自己の存在意義を探ることしか残された道はないというようなことを主張している。前半の議論についてはさておき、後半の主張は、現状からみると、当たらずとも遠からずという実感をもつ。とりあえず、われわれは、各種の情報が氾濫するなかで、とりあえず何らかの精神的支柱を見出し、自己を安定化させることが必要なのである。その一つの大きな選択肢こそが、「文化」であるととらえることが可能なのではないであろうか。

こうして、現在は、われわれが生きるよすがとして、文化の価値が再評価されている時代である。そこで、文化の価値が見直され、また新たに形成されるにはどうすればよいのだろうか。そのためには、その地域について外部からの目を通して、いったん相対化してながめてみる必要がある。「異」なるものとの交流をもってして、初めて自己のもつ日常性が、他のそれと違った固有性をもち、それを文化として誇りうるのだという確信をもつことができるのである。(2)

ここに、他の地域との交流を可能とする「交通」ということ、そして、その直接的な手段である交通機関の重要性が認識されることになる。(3)

2　地方の自律と交通

文化の基礎となるのは、各人が生活を営んでいる地域である。地域、またここでは地域を地方という言葉で言い換えるなら、地方というものをどのようなかたちで存在させていくのかという問題が生じてくる。

その一方で、現在は地方の時代といわれ、地方分権ということが盛んに主張されている。なぜこのような主張が強くなされるようになってきたのであろうか。

それは、バブル経済崩壊後の財政赤字の大きさに対する危機感がもたらしたものといえよう。一九九七年度段階で、国と地方を合わせた財政の累積赤字の総額は五〇〇兆円にも達している。それは、今後、情報化のさらなる進展や産業構造の転換、経済の国際間競争が国家主導に移りつつあるなかでの国家の役割の新たな比重の高まり、少子高齢化社会の到来に伴う社会資本整備の充実など、今後の財政需要は膨大な規模での拡大を示すことが必須であろうのに、これに適切に対応するどころか、国債の利払い費の上昇でさらに財政の自由度が減少するならば、日本は国際社会のなかで取り残され、かつ国家そのものとしても崩壊の危機を迎えざるをえないという危機感が高まっている。また、経済の国際化が進むなかで、日本だけがこうした巨額の財政赤字を抱えていると、国際的に協調した経済政策をとろうとしても、日本はそうした国際的要請に応えられない。これは、国際社会でのリーダーシップの一端を担いたい日本としては、是非とも避けたい事態である。

高齢化社会における財政需要を軽減させる一つの方策が、地域あるいは共同体を、一体感というまとまりをもったものとして再生させることがある。コミュニティの再生、さらにはそのなかでこそ力が発揮されるボランティア活動の活性化である。この視点からは、現在の行政改革の一環として論じられている行政の広域化については、若干の危惧をいだくものである。確かに、一見すると地方行政の広域化は、直接的な、短期的に目に見える効率化には結びつくには違いない。しかし、前記のようなボランティアの活動を活かすという意味では、その自然発生的ボランティア活動の基盤となるコミュニティを解体させることにもつながり、注意を要するものである。

また、より議論するならば、最適な行政規模とはどのような状態をいうのかについて、個々のケースについて慎重に検討していかなければならない。性急な政策が将来に深い禍根を残すことだけは避けなければならない。

さて、ボランティアの中心となり、かつ地方行政の中核を担うべき存在として、意欲と能力に満ちた若い世代の活躍は欠かせないものである。現状では若者はとかく刺激と利便性を求めて都市、ひいては首都圏に集中する傾向が強いが、この流れを変え、若者がその出身地域に定住するような環境を整えていかなければならない。

そのためには、まず大都市と地方圏との情報格差をなくしていく必要がある。確かに現在の、インターネットを始めとする情報技術の進展は、地方にいても最新の情報にアクセスできるという意味で、地方の可能性を十分に拡大させる意味をもつものであることには間違いあるまい。しかし、理論はともかく、人間の本質的な衝動として、とくに多くの若者にとっては、情報を直に体感できる状況こそが、つねに必要なことである。そういった環境を整えることこそが、地域振興の担い手を育て、ひいては地域の活性化を具体化させることにつながっていくのである。

そこで重要になってくるのが、地方と中央の大都市を結ぶ交通網の構築である。

確かにここには一つの危険性が存在する。いわゆる「吸い上げ効果」である。「吸い上げ効果」とは、交通の利便性が高まるがゆえに、人を始めとする地方の各種の資源が、中央の大都市に移っていってしまうことをいう。

この効果が起こってしまうことは十分考えられることではあるが、経済水準の向上とともに、真の生活の豊かさというものが追求されるようになった現在、この吸い上げ効果が抑制される可能性も十分に出てきたものと考えられる。こうした新たな価値観は、都会に住む若者のなかでもかなり浸透してきており、Ｉターンと呼ばれるような、都会から地方への移住のケースがままみられるようになってきた。こうした異分子が地域社会に入り込んでいくことによって、先にもみたように、その地域のもつ魅力が新たに見出され、活性化へと結びついていくことが十分に期待される。こうして、交通は、その功罪を比較考量すれば、その功の部分を積極的に評価し、地域開発を主眼においた新たな交通網の構築をはかっていく段階に入ってきているということができよう。

3　地域振興に適合した交通体系

交通体系のモデルとしてはさまざまな形態が考えられる。ハブ・アンド・スポークシステム(4)もその一例だし、拙著『航空の規制緩和』で取り上げた環状路線網も大きな価値をもつものと考えられる(5)。近年、地域振興計画が各地で立てられているが、その多くは地域の資源を活かすべく、観光開発ということが提唱され、そのための直接的な手段として、国際化を見据えた交通体系の構築、とくに空港開発による航空路線の開拓ということが盛んに求められるようになってきた。バブル崩壊後は、徐々にこうした地方空港開発に対する疑念の声も高まってはきているが、地方の行政主体や経済界が空港というものに対してもっている期待感は、きわめて根強いものがあると考えられる。

ただ、その結果、一県一空港という体裁的な目標が独り歩きし、実際の需要がどれくらい見込まれるのかという、採算性をはかるうえでのもっとも重要な情報が人為的に設定されるという問題が生じている。また、どの空港の建設計画、将来構想をみても、何らかのかたちで「ハブ」空港を目指すとしており、その地域の真の特性を深く考慮したものとはいいがたい。

そこでまず「ハブ」空港であることが、どういう意味をもつのかについて考えてみよう。

ハブ空港というと多くの人が、その空港の立地する周辺地域に大きな経済効果をもたらすものと考えるが、本来のハブ空港の機能を考えてみるならば、ハブ空港というのは航空会社の経営効率を向上させるために発想されたものであることを再認識しなければならない。つまり、地方からの細かい需要を中心であるハブ空港に集約し、ある程度の需要のサイズにまとめあげたうえで輸送を大型機で行えば、輸送コストが下がり乗客率も高まってよいというものである。

その根底には、ハブ空港での乗り継ぎ時間をできるだけ少なくしなければならないという命題が存在する。そうでなければ、旅客は余計な時間をかけてまで乗り継ぎ便を利用しようとはしないだろう。いくら値段を直行便と同一に設定したとしても、団体旅行客を別とすれば、航空利用者は他の交通機関利用者に比べて時間選好性がきわめて大きいものと考えられるからである。

さて、こうしてハブ空港に滞在する時間が少なければ少ないほど、ハブの果たす本来の意味からすれば望ましいということが理解できよう。そうであるならば、通過旅客はわざわざハブ空港周辺に足を運ぼうなどとはしないであろうし、空港内での消費もあまり高額の規模には及ばないことになる。

そのうえで、ハブ空港が周辺の地域経済に好影響を与える可能性としては、つぎの二つが考えられる。一つは、ハブ空港を臨空産業の中心として独自の産業発展を目指すこと、そしてもう一つは、地域のシンボル的存在として、あるいは周辺住民の憩いの場所として、空港というものを位置づけることである。

前者の臨空産業論はかなり以前から提唱されていたものである。たとえば、四国の高松空港などは、そうした先駆けの一つであろうし、(6)関西新空港における臨空工業ゾーンは、そのもっとも最近かつ大規模な例として記憶されるところであろう。

しかし、理念としては興味深いものの、実際にどのようなものを具体的に臨空産業として育てていくかについては難しい問題がある。(7)とくに何をもって「臨空」とするのかという概念規定が難しい。たとえば関西の場合、臨空といえばその県全域が含まれてしまうことになってしまう。また、臨空産業という言葉が先行してしまい、具体的な産業を特定しないままに場所を確保し、企業の募集を始めてしまうために、企業とのあいだで、企業側の要望と行政側のサービスの提供の内容が食い違ってしまい、結局は進出企業の撤退、構想の破綻を招くという事態を引き起こしてしまうことになる。

もう一つの地域のシンボルとしての取扱いであるが、これは比較的成功をみているといってよかろう。そして外見的にも、鉄道の駅舎と同様、周辺環境と違和感が生じないように、周辺環境と調和するような素材を使った空港建設が各地で試みられている。(8)

こうして、地域に密着した空港が、正確な需要予測のもとに必要性が十分に認識され、住民の同意を得たうえで建設されたなら、あとはそこを起点とした路線ネットワークを、地域住民も航空会社と一体感をもって積極的に考え、構築していかなければならない。ここで注意しなければならないのは、住民の空港などの公共投資に対する需要、選好性が的確に把握されうるのかということである。なぜなら、空港はその代表的な例であるが、その建設にあたっては、国の補助や負担の額が相当な規模に上る。したがって、住民を始めとする需要者は、実際にかかるコストよりも安くすむという「錯覚」を起こし、過剰供給を起こすことになる。したがって、需要度を正確に掌握するための工夫が必要になってくる。その具体的手段についてはいまだ明確ではないが、財政需要が逼迫している現在、早急に解決されなければならない問題の一つである。

つぎに、一方の地域振興の主体となりうる航空の側に焦点を移して考えてみたい。

4　コア航空会社の育成

航空会社について考えるには、航空産業をとりまくここ二〇年ほどの劇的な環境変化について理解しておく必要がある。

航空産業は長らく典型的な規制産業であった。日本では欧米の大航空会社に比べて著しく体力の劣るわが国の航空会社を育てるために、徹底的ともいえる規制による保護を行ってきた。(9)

その代表的なものが「航空憲法」と呼ばれるものである。これは昭和四五年に閣議了解され、同四七年に運輸大臣通達として交付されたもので、四五・四七憲法ともいわれる。具体的には、各航空会社の事業領域の棲み分けを公的に確定することによって相互の競争が起こらないようにし、安定的な収益を見込めるようにして成長期の航空会社を保護しようとするものである。この結果、日本航空は国際線と一部国内幹線、全日空が国内幹線と一部国内ローカル線、ならびに国際チャーター便、東亜国内航空（現日本エアシステム）が一部国内幹線と国内ローカル線という担当領域が確定された。こうした体制は、確かに当時の幼稚産業であった日本の航空会社を世界の大航空会社と対等に伍していくまでに成長させたが、時代の進展とともに、市場の実態との乖離が激しくなり、改革を余儀なくされることになっていく。

そして、その第一の引き金となったのがアメリカの大胆な規制緩和政策の導入・実施である。一九七〇年代後半、時のカーター大統領は、低迷するアメリカ経済を立て直すために、思い切った規制緩和政策を行うことを決定した。そして、その第一のターゲットになったのが、アメリカの航空産業であったのである[10]。

この政策はレーガン政権にも引き継がれ、一九八〇年代を通じて壮絶なかたちで、市場における新規参入と再編、統廃合が行われていった。その結果、最盛期には二五〇を超えた航空会社の数も、最終的には一〇社に満たない数の大手航空会社の再寡占状態となった。しかも、厳しい競争を生き残ってきたがゆえに、その企業競争力は再び世界に冠たるものとなっており、その他の国々の航空会社にとっては相当な脅威として現われてきたのである。

この大改革の流れはイギリスのサッチャー、日本の中曾根と、個人的交友関係を通じて世界的に伝播していく。とくにイギリスにおいては、このときに着手した改革の成果が、最近におけるイギリス経済の堅調さに結びついてきていることは注目に値するところである。

対照的に日本の場合は、この時点ではまったくといってもいいくらい、規制緩和政策が実効性をもたなかった。一九八五年に前記の航空憲法が廃止され、基本的に国内、国際市場は各航空会社にとって自由に参入できるような体制には移りかわってきたが、それを実質的に規制する二つの要因が解決されないままに残された。一つは需要量による参入規制であり、もう一つは（これは地方の振興問題と大きくかかわってくる論点であるが）大都市空港における発着枠の供給制約である。

前者は、ある一定量の旅客需要が見込めない路線では、新規参入は認めないとするもので、当初は三社が運航する場合には年間一〇〇万人以上、二社が運航する場合には同七〇万人以上の利用客が見込めなければならないというように設定されていた。その後、この基準は徐々に引き下げられ、現在はこの規制は取り払われている。

しかし、もう一つの発着枠の供給制約はもっとも深刻な問題である。新規航空会社にとっては、まずもって儲かる路線に参入したいというのは当然のことである。しかし、儲かる路線とは、国内線に限定して考えれば、すなわち大都市が少なくとも一端となっている路線であり、しかもそれは羽田空港か、せいぜい大阪の伊丹空港である。[11]しかし、これらの空港は、いずれも受け入れ許容量の限界に近づきつつあり、大幅な増枠は見込めない。ここに新規参入会社にとっての大きな参入障壁が存在するのである。[12]

ただ、こうしてなかなか実質的な進展をみなかった日本における航空規制緩和も、ここ数年の間にいよいよ本格化の段階を迎えることとなった。その直接のきっかけとなったのが、幅運賃制度の導入と、羽田における新規発着枠の新規参入会社のための確保である。

幅運賃制度というのは、従来、運輸省の認可制であった航空運賃制度を、より航空会社の営業努力が即時に反映されるような体制にしようという発想から導入されたものである。具体的には、航空各社から申告された費用から標準運賃といわれるものを算出し、それを上限として、そこから二五％以下の範囲に納まる運賃設定であれば、運輸省の認可を得る必要なく、自動的に有効となるというものである。[13]

この制度が導入される前の段階では、この自由化によって過当な運賃引き下げ競争が起こり、航空会社の存続を危うくし、市場に混乱を招くということが懸念された。幅運賃制度として、料金設定に下限が設けられたのはこのような理由によっている。しかし、実際に導入してみると、こうした懸念とはまったく反対のことが起こった。つまり、各社はほとんど違わない料金設定で、しかも全般的に値上げの方向を打ち出したのであった。

これはある意味では、正当な理由に基づく企業行動であったという評価を行うこともできる。なぜなら、本来の市場メカニズムにおいては、需要と供給のバランスによって、もし企業が自信をもって売りさばける商品であれば、それに対して高い価格をつけることは当然の行為であるからである。この点、規制緩和イコール値段の低下と考える消費者の認識は、見方が甘いものと考えざるをえない。

しかし、その影響をもっとも深刻にとらえた地域が、地元のためを考えて営業を行ってくれる新規航空会社の設立に動いたのである。東京との路線において世界最大の輸送量を誇る北海道である。

ここに地域が自律的な発展を遂げるための一つの手段・選択肢として、地元主体の航空会社の設立・運営ということが考えられることになったのである。このような航空会社を地元にとっての「コア航空」と名づけたい。

そうはいっても、確かに少し以前であれば、新規に航空会社を立ち上げるということなどはまったくの夢物語にすぎなかったであろう。しかし、幸いなことに現在では新規に航空産業に参入するためのコストは大幅に低減されているし、失敗したさいの撤退のコストも最小限に抑えられるようになっている。

その大きな要因としては、経営技法の進歩に伴う、アウトソーシング（Outsourcing：経営資源の外注化）により、すべてを自分で丸抱えにする必要がなくなったこと、また、情報技術の発展により、航空産業の生命線ともいわれる予約業務などが、斬新な発想のもとに、低コストで運営できるようなシステムの開発が可能になったことがあげられる。

こうして、北海道では北海道国際航空（エア・ドゥ）が誕生し、一九九八年一二月二〇日より実際の運航を開始した[14]。

ただ、エア・ドゥのような新規航空会社がどんどん参入し、活躍するような事態になれば、別の面で地方に悪影響が出てくることも、現体制のもとでは懸念される[15]。

それは、日本のローカル路線の運航が、大手航空会社の傘下にある関連ローカル航空会社によって担われており、しかもその生活路線ともいうべき路線の運航に関して行政的保障がほとんどなされておらず、既存航空会社内での儲かっている路線から儲からない路線への内部補助体制によってローカル路線の維持がはかられているがために、今後儲かっている主要路線において新規航空会社との競争が激しくなると、既存の大手航空会社は生き残りをかけて採算性を追求するために、不採算であるローカル路線の切り捨てに走る可能性が強くなることである。現にそうした傾向がここにきて頻繁にみられるようになってきている。これは、悪くすれば地元住民の生活の足を奪うことになり、社会政策上、大きな問題となる。

そこで、今後こうした規制緩和政策をさらに推進していくのであれば、憲法上の権利と解釈しうる移動の権利を明確に位置づけ、ローカル線で必要とみなされるものについては、それを国家として保障する体制を構築していかなければならないだろう[16]。

また、地域振興計画においては、その土地の最大の資源である自然環境を活かした観光政策を真っ先にあげるものが増えているが、これは前記のような地元のコア航空を需要面から支えていくためにも重要な課題となる。

そこで、観光政策との関連から航空路線構造のあり方について改めて考えてみれば、初めからハブ・システムなどのネットワーク構築論を持ち出すのはきわめて危険な性質をもつことを理解したい。つまり、ネットワークといってしまえば聞こえはいいが、こうして開発目標を抽象化してしまうことによって、もっとも大事なマーケティングの対象がぼやけてしまい、いつまでたっても採算に乗せられなくなって倒産してしまうという結果になりがちだからである。

したがって、地域振興を航空を始めとする交通の開設によっては勝ち抜いていこうとするのであれば、あくまでも一つ一つの路線を確実に採算ベースに乗せるべく、一本一本地道に構築していくことが望まれる。そして、その最終的な結果としてネットワークが形成されればよいのである。

また、日本の第三セクターが軒並み赤字に陥っているというのと同じ轍を踏んではならない。そのためには、経営の透明性を徹底的にはからなければならない。そのうえで住民に対する経営協力を積極的に要望し、ともに経営感覚をもって、「自分のもの」として運営していくことが必要である。

さらにここで観光振興について深く考えてみよう。観光振興を進めるうえで、旅行産業の協力はかかせないものである。その旅行産業は、その存在意義の根本的な問い直しが必要とされているのである。

これまでの旅行産業は、交通機関の乗車券の代売業務を主な収益源としてきた。しかし、インターネットの普及や、少しでも手数料の支払を抑えたいというキャリア側（実際に運送を行う主体のこと）の直売の積極的展開により、旅行業者の収益構造は相当厳しいものとなってきている。

そこで先にもみたように、旅行産業の本来的な役割とは何かについて問い直さなければならない。それは旅のプロデュース、あるいはコンサルタント機能である。そういった意味では、旅行産業はまさに情報産業の最たるものの一つということができよう。こうした方向性をもった、あるいは指向しつつある旅行産業と組むなかで、地域は、自らの地域のよさを積極的に周辺諸国へ売り込んでいかなければならない。これは、とくに今後の経済発展による旅行需要が期待される周辺アジア諸国にも焦点を据えたものでなければならない(17)。ひいてはアジア諸国との協調マーケティングも実施していくことが必須の課題となってくるだろう。というのは、欧米諸国の人にとって、日本は、とくに自然環境的にはアジアの一国家にすぎず、そうした意味において他のアジア諸国との差別化は容易ではなく、アジア周遊というかたちで欧米諸国にマーケティングしていくことが集客の増大につながる有効な方法だと考えられるからである。

5　公共事業の効率化と総合交通体系の見直し

また、より視野を大きく広げて、地方の問題だけでなく、国家全体の問題として交通の問題を取り上げてみよう。

高齢化社会を迎えて、自己実現の欲求の高まりを背景とする移動の権利の確立は、強い社会的欲求となってきている。また同時に、閉塞する現在の経済状況を立て直すためには新産業の発掘、育成が重要であり、そのためには異なる文化、文明との接触による触発は、欠かすことのできない触媒要素となり、その直接的な手段となる交通の意義はますます高まりをみせることになるであろう。

ただし、無条件にこうした交通に対する社会的需要を満たすことは到底不可能である。一つは財政上の制約であり、もう一つは環境問題上の制約である。

すでに述べたように、現在、国は五〇〇兆円を超える財政赤字を抱えている。それに加えて、年金を始めとする高齢化社会への対応、情報化投資など、今後の財政需要は目白押しである。限られた財政をどのように有効に振り向けていくかは、重要な政策課題となってきている。

そのためには、まず根本的な問題として、税そのものに対する根本的な関心を、国民のあいだに復活させることが求められる。もちろん、税に対する議論はつねに活発になされてはいるが、それは税というものに対する不信感に基づくものであり、積極的に税のもつ本来的な役割を評価し、それに主体的に取り組んでいこうというものではない。いうならば後ろ向き、マイナスの議論である。これを、今後の社会建設に向けた前向き、主体的な税制論議へと転換していかなければならない。

そのための第一歩は、何よりも税に対する不公平感を払拭し、税に対する信頼感を国民の間に確立しなければならない。

税に対する不信感は、主に納税者の職業間での所得捕捉率の格差の存在から生じてきている。いわゆるクロヨン問題である。一般のサラリーマンは、給与からの源泉徴収によって課税されるので、その把握率はほぼ一〇〇%といってよいが、申告納税を行う農業従事者や自営業者は、どうしても申告漏れを防ぐことができず、サラリーマンにとっての重税感がますます高まってしまう(18)。

そこで、さまざまな改革案が提示されているが、なかでも注目されるのは、インターネットを始めとする情報技術の劇的な進歩を基盤とする納税者背番号制の導入である。これは、国民すべてにある番号を付与し、これまでばらばらに行われていた行政サービスを一本化することで、行政コストの低減化をはかりつつ、情報の統合的な集約によって課税の公平性をはかろうというものである。そして、この技術が実際に普及していくならば、同時に国民の側でもこの制度を主体的に利用し、税の使い道に対する積極的な評価、行政への主体的な関与が可能となってくる。つまり、情報システムを駆使した全国的な規模での直接投票システムの可能性である。もちろん、納税者背番号制にもいろいろな問題がある。そのなかでも最大のものはプライバシーの保護ということであろう。しかし、ここで重要なのは、いたずらにこの問題を喧伝するのではなく、政策実現の可能性を追求する観点から、より具体的な検証を行っていくことである。たとえば、保護されなければならない個人情報とはどの範囲までをいうのかを明らかにしていくことは、その第一歩であろう。

こうした体制を整えたうえで、改めて今後の社会資本整備の方向について、国民的合意を形成しながら進めていく必要がある。もちろん、こうした体制が整うまで待つということではなく、現状の改革と同時並行的に、こうした体制の構築に努めていかなければならないということである。また、ここには直接民主主義が本来的にもつ問題点をどのように解決すべきかという問題も残る。つまり、少数意見をどのようなかたちで取り扱うのかという問題である。この問題については、事業の優先順位をどのように設定するかという問題などではある程度解決されるかもしれない。

つぎにもう一つの大きな問題である環境問題について考えてみよう。

環境問題といってもさまざまな形態があるが(19)、ここでは交通との関係がもっとも大きい地球温暖化問題についてみてみたい。

地球温暖化は二酸化炭素や二酸化窒素など、化石燃料の燃焼によって排出されるガスが原因となって生じるものだが、その最大の発生源ともいえるのが、交通で大きな比重を占める自動車である。

一九九二年にリオ・デ・ジャネイロで行われた地球環境サミットをきっかけとして、最近は盛んに地球環境問題について論じられるようになったが、交通の分野でもそうした流れを受けるかたちで、どうしたら環境に対する負荷の少ない交通体系を確立しうるかということが考えられるようになってきた。その一つの試みはパーク・アンド・ライド方式であり、公共交通機関の利用促進である（ドイツのフライブルグ市や鎌倉市で実施）。

パーク・アンド・ライド方式というのは、都市部における交通混雑を解消するために構想されたもので、郊外の最寄りの駅までは自動車で通勤するが、そこで車を駐車し、公共交通機関に乗り換えて都心部に向かうことによって、渋滞の解消、環境問題への対策をはかろうとするものである。確かにこの方式を導入するためには、最寄りの駅の周辺に十分な駐車スペースを無料、あるいは非常に安い料金で利用できるように確保することと、利用者が乗り換えを厭わないような体制を構築していくことが必要となる。しかし、こうした試みは是非とも積極的に推進されていくべきであり、トライ・アンド・エラーのなかから徐々にでも最終的な解決策にたどりついていけばよいのである。

こうした思考の延長線では、今後の交通体系の構想においては、交通機関間の適切な機能・役割分担というものが第一に考慮されていくことが必要となろう。つまり、環境問題もしかりだが、限られた国家財政もあわせて考えると、重複投資による資源の浪費はもはや許されざる段階に至っているのであり、この面での行政能力こそが今望まれているのである。

6 シルバー産業の育成と交通：高齢社会にどのように対処すべきか

高齢社会における社会を活性化させていくには、高齢者の移動の可能性を拡大していくことが非常に重要なことであることは、「はじめに」のところで述べた。

また、ここでは産業構造の転換という視点も取り入れて考えてみたい。コーリン＝クラークの法則にもあるように、経済発展に伴って、現在日本は第三次産業が主流を占めるソフト化の時代となっている。そして、そこでは「サービス」のあり方というのが重要な意味をもつことになる。

最近はサービスにおいても規格化、マニュアル化の方向に進んでいるが、一方で、付加価値の高いサービスの本質ともいうべき部分は、本来、かけがえのない熟練性から醸し出された独特のノウハウに基づくものである。そして、こうしたノウハウをもっとも有しているべき存在こそ、高齢者層なのである。

また、一般的に産業の競争力ということを考えてみても、今後は製造業、非製造業を問わず、熟練性ということが、企業、あるいは産業競争力を構築していくうえでの大きな力になっていくものと考えられる。したがって、高齢者に自活を促し、年金による財政負担を軽減するといった後ろ向きの動機だけでなく、次世代における産業政策として高齢者の労働問題を位置づけ直すことが求められるのであり、国家として戦略的に高齢者の活用をはかっていくべきときなのである。

そうしてみると、不況だからといって定年を引き下げ、みすみす高齢者の労働ノウハウを消滅させてしまうような現在の企業の方向性というのは、早急に見直されてしかるべきである[20]。

そこで、こうした高齢者の労働力を実際に活用するためには、彼らが職場に移動しやすいように、交通サービスの改善をはからなければならない。確かに、高齢者労働の活用にあたっては、在宅勤務の選択という可能性は多いにありうる。しかし、ここで高齢者に期待するものが彼らのもつ熟練性、ノウハウの伝授であるということを考えれば、直接的な人的接触が必要になってこざるをえないであろう。もちろん、高齢者がいるところへ習い手側が訪ねていくことも考えられるが、高齢者の健康管理、あるいは外出に伴う気分転換やその他の社会的活動とのかかわり合いの発生などのメリットを考えれば、できるだけ彼らに外出してもらう機会をつくっていくべきであり、少なくともそのための環境づくりは積極的に行っていかなくてはならない。また、この方面における投資は、身障者のための投資とも重なってくるので重要である。

また、より根本的には、憲法で保障された「職業選択の自由」と交通のかかわりについても重ねて認識しておく必要があるだろう。移動の自由が確保されてこそ、初めて職業の自由な選択も可能となるのである。

こうした移動の権利を、一般的には「交通権」と呼んでいる。そして、こうした交通権をさまざまな理由によって全うに享受できない人びとを交通困難者（以前は交通弱者と呼んでいた）という。今後はこうした交通困難者に対する配慮を進めるべく、その方面においても交通困難者自身の取り組みへの参加が求められるのである。(21)

7　国際社会と交通

さて、地域振興問題と大きくかかわる論点として、国際化という問題をどのようにとらえるべきかという問題がある。

先に述べた地方における開発計画においては、その主な目標項目において、必ずといっていいほど「国際化」ということが盛り込まれる。筆者も、その重要性について否定するつもりはまったくない。実際、国際社会の変化に対して柔軟に対応できるのは地方自治体であり、また、地域に密着した活動を続けるＮＧＯ（Non Government Organization：非政府組織）やＮＰＯ（Non-Profit Organization：非営利組織）などの民間活動団体である。

しかし、国際化をはかるということは、直接的に相手国の文化の影響を受けるということである。それに対して、皮膚感覚として適切に反応できるのかという問題が生じてくる。たとえば、国際化が進展すれば、当然その地に住む外国人の数も多くなる。そのときに彼らが満足して生活できる生活環境を十分に提供できるのか、はなはだ疑問である。現に主要都市でさえ、観光案内などに外国語の表記がほとんどなされていないことなどが報告されている[22]。より具体的に考えてみよう。あなたの息子なり娘が外国人と結婚しようとするときに、それを何の葛藤もなく受け入れることができるかということである。これを、ここでは「皮膚感覚による国際化」と呼んでいるのである。

こうした「覚悟」なくして国際化を喧伝するのは、かえって摩擦（Friction）を大きくし、逆の効果をもたらす結果になりかねない。もちろん、ともかくも国際化を実施し、その試みのなかからさまざまなノウハウが蓄積され、実質的な国際化が進んでいくことも十分期待できる。しかし、やはり国際化を行政的に進めるにあたっては、よりこの問題に関して皮膚感覚からとらえた、より厳密な議論がなされるべきであろう。

また、国際化を進めるにあたっては、反面において、自国の価値というものを正当に評価し、それをだれに対しても正確に伝えていくことができなければならない。そこでは、自らの地域に対して積極的に関心をもつことが必要となる。そうするためには、どのような誘因をもたせるかが、これからの地域振興政策におけるもっとも重要な行政課題の一つとなるであろう(23)。

8 まとめ

以上、少々拡散的ではあるが、文化と交通のかかわりについて、社会の構造変動への対応という問題意識から、地域開発と高齢者労働力という点に焦点を当てて論じてきた。

今一度論点を確認するならば、最大のテーマは「自己の価値観の構築」ということである。情報の氾濫、または国際化の進展による文化の相対化により、人びとは、その生きるよすがとしての絶対的な価値観をもちがたくなり、それが人びとの生きていくうえでの指針を見失わせ、今日の社会活力の低下をもたらし、モラルの崩壊という事態につながっているものと考えられる。したがって、失われた価値観をどう回復するのかが、これからのもっとも重要な課題となってくるものと思われる。そして、そのための有効な手段としては、「異」なるものとの交流を通した自己の文化の再認識、固有性の発見、さらにそこからの新たな価値観の形成ということがあることを主張した。また、その直接的な手段となるのが交通であり、交通ということを媒介として考えることによって、高齢化や国際化社会への対応など、さまざまな社会事象を考察できることを示してきた。移動を促進するという交通の原点に立ち戻ったうえで、こうした議論をさらに論じ直し、議論の内容をさらに深化させていくことが、現在、強く求められているのである。

（1）この点については、「はじめに」を参照せよ。
（2）たとえば、各地で売られている土産物ができてきたのは、江戸時代に参勤交代によって異なる地域の住民がある地方を訪れたさいに、当地の人びとにとってはごく当たり前のものであったものの価値が発見され、商品化されるという経緯があったのである。
（3）沖縄大学の吉川博也氏は、こうした異文化との交流がもたらす新たな価値の創造について、「交易型産業」という言葉を用いて説明している。
（4）交通体系の一つで、そのかたちを自転車の車軸と車輪の関係になぞらえたもの。
（5）拙著『航空の規制緩和』（勁草書房　一九九五年）のなかで、故玉野井芳郎氏が提唱した中心軸をもたない、多極型のネットワークを取り上げ、評価を行っている。
（6）これについては、戸崎　前掲『航空の規則緩和』のなかで詳しく説明しているので参照されたい。
（7）この点について、第７章を参照のこと。
（8）その代表的なものは、ドイツのミュンヘン空港にみることができる。ミュンヘン空港では、周辺の緑が映えるように、ガラス張りの面を多くし、周辺の緑が実際に映るようにして、周辺環境へのとけ込みをはかっている。そして、近年は日本でも、そうした試みが積極的に導入されようとしている。

(9) 国家にとって、自国を代表する航空会社であるフラッグをもつことは特有の意味をもつ。たとえば軍事における活用や、国際線を開設することによる国威発揚である。戸崎　前掲書（一九九五）を参照のこと。

(10) アメリカの場合も含めて、どの国の場合にも航空産業が規制緩和政策の最初のターゲットになることが多い。それは、産業としての社会的影響力が低いために、政策の対象にしやすいことが指摘されている。

(11) 関西空港についてはこういっていいかどうかは疑問の残るところである。

(12) もちろん市場原理主義の立場をとる人は、儲かりそうもない路線にこそ新たなチャンスがあるというのであろうが、こと航空に関するかぎり、そのような甘いものではないと考える。

(13) もちろん、ここで問題となるのは、標準運賃設定の根拠となる各航空会社からの費用に関する報告がどこまで重視されるべきなのかということである。実際に日々の営業活動を行っているのが航空会社自身であり、行政との間には情報の非対称性、つまり、お互いが有する情報量にギャップが存在するため、申告された費用が果たして正当なものなのかを厳密にどこまで検証しうるかということが問題となるのである。また、それが是認されるものであったとしても、それは基本的に従来の航空会社の経営構造を前提としたものであり、ここから革新性、つまり企業の改革努力を刺激することは期待できないことになる。

(14) ただし、新規の航空会社としては、東京に拠点をおくスカイマークエアラインズのほうが先行して国内線への乗り入れを行っている。しかし、スカイマークの場合は、地域とのかかわりではなく、国の規制への挑戦ということを参入のモチベーションにしているため、ここではあえて取り上げなかった。

(15) ただし、現在の状況では、新規航空会社に割り当てられている主要空港の発着枠が限られていること、整備などの主要業務を既存の大手航空会社に委託しているために、思い切った経営戦略がとりにくいことがあり、新規航空会社が本当の意味での革新性を追求しうるのは、まだ当分先のことといわざるをえないだろう。

(16) アメリカのＥＡＳ（エッセンシャル・エア・サービス）制度などはその先駆的な例として注目される。

(17) こうした方向性で積極的なセールス展開を行っている例として、長崎県のハウステンボスがある。ここは、そうした努力の結果、外国人の来園率が他の国内のテーマパークに比べてきわめて高いものとなっている。

(18) この問題に対する反対論も存在する。代表的なものは八田達夫氏のもので、さまざまな控除を始めとする優遇措置を考慮に入れれば、サラリーマンの課税負担はそれほどではなく、これを過度に主張することによって本来あるべき税制の論議が歪められてしまうという危険性が指摘されている。

(19) ここでいう環境問題とは主に地球環境問題のことを指している。地球環境問題とは、文字どおり、地球的な広がりをもつ環境破壊であり、大気汚染、水質汚濁、森林破壊など非常に多様なものとなっている。とくに公害問題と区別される点は、地理的な広がり以上に、被害者と加害者との関係性が不明瞭である点がある。たとえばここで取り上げている温暖化問題は、主に自動車から排出される炭酸ガスがその原因であるが、自動車を利用する人びとは、炭酸ガスを排出することで加害者であり、かつ温暖化による影響を受けるという意味で被害者でもある。このように、両者の関係性が明確にならないことは、環境問題に対する運動を具体的に推進するうえで大きな足かせとなっている。

(20) このケースの参考となる話がある。日本の代表的なオーケストラの一つにＮＨＫ交響楽団があるが、非常に優秀な音楽家がそろっているのに、どうしても世界の超一流楽団の仲間入りをすることができないのは、諸外国の超一流とみなされている楽団にくらべて定年が早く設定されているために、本当に老練な、成熟した演奏が生まれにくいためだというのである。このことは、ここでの高齢者労働の評価論を具体的に証明する事例の一つではないかと思われる。

(21) バリアフリー（Barrier-Free）ということが最近よくいわれるようになってきたが、大都市においてさえ、そうした取り組みはまだまだ進んでいない。とくに交通の面はそういえるだろう。たとえば、東京の営団地下鉄などは、エスカレータやエレベータの設置が進んでおらず、交通困難者にとって最悪の環境といえるだろう。

(22) たとえば北海道などは、こうした外国語による案内が遅れているとして、よく指摘を受けている。

(23) 確かに、現存の地域振興政策のなかにも、自己の属する地域のよさを再発見しようというような目標項目は含まれているが、それがどこまで政策として具体化され、実質的に機能しているのかについては大いに疑問が残る。

初出掲載一覧

はじめに　『国会月報』新日本出版社　一九九九年二月号
第一章　書き下ろし
第二章　『運輸と経済』運輸調査局　二〇〇〇年四月号
第三章　『運輸と経済』運輸調査局　二〇〇〇年一〇月号
第四章　書き下ろし
第五章　『月刊　エアライン』イカロス出版　二〇〇〇年四月号～七月号
第六章　書き下ろし
第七章　『日本文化経済学会論文集』（第三号）日本文化経済学会　一九九七年三月
第八章　書き下ろし

著者紹介

戸崎　肇

一九六三年大阪府に生まれる。一九八六年、京都大学経済学部卒業。同年、日本航空株式会社に入社。この間、京都大学大学院に学び、一九九五年、博士号（経済学）を取得。同年、帝京大学経済学部専任講師。一九九九年、明治大学商学部助教授となり現在に至る。

専門は公共政策学、国際交通論。主な著書に『航空の規制緩和』（勁草書房）、『地域振興と航空政策』（芦書房）などがある。

情報化時代の航空産業

二〇〇〇年一〇月一〇日　第一版第一刷発行
二〇〇二年 四 月三〇日　第一版第二刷発行

◉検印省略

著　者　戸　崎　　肇
発行所　株式会社　学　文　社
発行者　田　中　千　津　子

郵便番号　一五三-〇〇六四
東京都目黒区下目黒三—六—一
電　話　03（三七一五）一五〇一（代）
http://www.gakubunsha.com

印刷所・㈱シナノ

ISBN 4-7620-0988-1